重整行装再出发

奋力实现"四个走在全国前列"深调研

南方日报社★编

南方日报出版社
NANFANG DAILY PRESS
中国·广州

图书在版编目（CIP）数据

重整行装再出发 ：奋力实现“四个走在全国前列”深调研 / 南方日报社编. -- 广州：南方日报出版社，2018.6
ISBN 978-7-5491-1824-3

Ⅰ. ①重… Ⅱ. ①南… Ⅲ. ①社会主义建设－调查研究－广东 Ⅳ. ①D676.5

中国版本图书馆 CIP 数据核字（2018）第 110349 号

CHONGZHENGXINGZHUANGZAICHUFA
重整行装再出发——奋力实现“四个走在全国前列”深调研

编　　者：南方日报社
出版发行：南方日报出版社
地　　址：广州市广州大道中 289 号
出 版 人：周洪威
统　　筹：周山丹
责任编辑：李佳航
装帧设计：邓晓童
责任技编：王　兰
责任校对：阮昌汉
经　　销：全国新华书店
印　　刷：广州市岭美彩印有限公司
开　　本：787mm×1092mm　1/16
印　　张：12.5
字　　数：150 千字
版　　次：2018 年 6 月第 1 版
印　　次：2018 年 6 月第 2 次印刷
定　　价：48.00 元

投稿热线：（020）87373998-8503　读者热线：（020）87373998-8502
网址：http://www.nanfangdaily.com.cn/press　http://www.southcn.com/ebook
发现印装质量问题，影响阅读，请与承印厂联系调换。

序

南方报业传媒集团开展的“奋力实现‘四个走在全国前列’深调研”已经圆满收官，但此次深调研带来的思考仍在继续，奋力实现“四个走在全国前列”的新长征仍在路上。

伶仃洋上，风机擎天；蛇口码头，岸桥林立；广汽车间，人机互联……四十余人、两个多月，万里行思、百万文字，这一份份沉甸甸的调研报告和公开报道，凝聚着调研组成员的心血智慧，凝聚着党报集团的使命担当。

行走有多远、思考有多深，源于使命有多大、责任有多重。

习近平总书记一直心系南粤大地、情系广东人民。党的十八大以来，习近平总书记对广东工作几度寄语，殷殷嘱托。

2012年12月，新当选的中共中央总书记习近平第一次到地方考察就来到广东，对广东工作提出“三个定位、两个率先”的目标，强调要坚定不移走改革开放的强国之路，做到改革不停顿、开放不止步。

2014年3月，习近平总书记参加十二届全国人大二次会议广东代表团的审议，就全面深化改革、推动产业优化升级、加强社会主义精神文明建设作出重要指示。

2017年4月，习近平总书记对广东工作作出重要批示，充分肯定党的十八大以来广东各项工作，希望广东以“四个坚持、三个支撑、两个走在全国前列”统领工作全局，在新起点上再创新局。

2018年3月，习近平总书记参加十三届全国人大一次会议广东代表团的审议，提出“以新的更大作为开创广东工作新局面，在构建推动经济高质量发展体制机制、建设现代化经济体系、形成全面开放新格局、营造共建共治共享社会治理格局上走在全国前列”的殷切期望。

蓝图已经绘就，方向已经明确。站在新时代的起点上，如何书写走在前列的新篇章？面对这个时代之问，广东在思考，在探索，在行动。作为党报集团，南方报业有责任贡献智慧和力量。

通过走读，读出了广东的辉煌与荣光，广东有理由充满自信。行走一城一地，邂逅一人一景，字里行间真切感受到这片热土的活力和进步。广东是改革开放的排头兵、先行地、实验区，是第一经济大省，经济总量已连续29年居全国第一，2017年GDP已逼近9万亿元。广东为我国实施创新驱动发展战略提供重要支撑，科创与产业深度融合，令世界为之瞩目。

通过走读，也读出了广东的短板与不足。虽然发展成就令人瞩目，但广东发展质量和效益不够高、区域发展差距大、产业整体水平仍不高、社会治理难度大等问题突出。

重任在肩，必须奋勇前行。

“要深刻认识肩上沉甸甸的担子，时刻牢记总书记对广东工作提出的‘四个走在全国前列’的重托，以强烈的担当精神和责任意识，一条一条认真研究，一件一件抓好贯彻。”党的十九大后，以省委书记李希为班长的新一届省委班子团结带领广大干部群众，深入开展“大学习、深调研、真落实”活动，把学习贯彻习近平总书记重要讲话精神持续引向深入。

新时代，新作为，新篇章。

从GDP考核到GEP考核，从传统支柱产业到新“四梁八柱”，从“实体经济十条”到“外资十条”，从“招商大战”到“抢人大战”……深调研是记录者，记录下广东省上下奋力实现“四个走在全国前列”的火热场景，记录下践行习近平新时代中国特色社会主义思想的生动实践。深调研是宣传队，在调研过程中推动学习宣传贯彻往深里走、往实里抓，推动习近平总书记重要讲话精神在南粤大地家喻户晓、深入人心。深调研还要发挥参考书的作用。改革开放进入第40个年头，中国特色社会主义进入新时代，风帆起珠江，广东再出发。希望本书的出版，能够为广东回答“拿什么来实现‘四个走在全国前列’”的时代之问开拓思路、提供借鉴。

是为序。

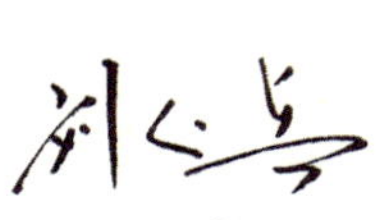

（作者系南方报业传媒集团党委书记、管委会主任，南方日报社社长）

目录

上篇：牢记嘱托·走在前列

下篇：真抓实干·奋发进取

上篇：牢记嘱托·走在前列

奋力实现“四个走在全国前列”深调研之一

高质量发展：体制机制探索支撑发展新局

高耸入云的广州国际金融中心，2017年一年税收超10亿元。在广州天河，像这样年税收超亿元的楼宇多达51栋。“金融领域、产业领域的企业加速向CBD靠拢，体系化的闭环更有利于提升效率。”广证恒生总经理、首席研究官袁季这样形容背后的集聚效应。

深圳南岭村，由旧厂房改造升级的创意小镇正在加快开发。“我们要把村集体从过去‘种房子’，扭转为‘种高科技企业’。”南岭村社区党委书记、居委会主任张育彪说。

在佛山、东莞的工业园区，自动生产线上的机器人飞速运转。“一条新的组装生产线，使得生产成本下降50%，产能提高10多倍。”广东雅柏家具实业有限公司副总经理杨发浩说。

在广东经济发展的第一线，在高质量发展的产业力量激荡的背后，体制机制的加快探索支撑起了发展的新格局。

我国经济已由高速增长阶段转向高质量发展阶段。2018年全国两会期间，习近平总书记对广东提出“四个走在全国前列”的殷殷嘱托，其中之一便是“在构建推动经济高质量发展体制机制上走在全国前列”。

经过四十年的改革开放和高速发展，广东综合经济实力不断跃升，是全国第一经济大省。而跨越由高速增长阶段转向高质量发展阶段的重大关口，必须加快形成推动高质量发展的体制机制。

逐梦新征程，激发新动力。

用好改革开放“关键一招”，一场面向高质量发展体制机制的探索正在加速向前迈进。

“一亩地”的质变

提高全要素生产率，亿元楼、创新园加速涌现

广州中山三路，中华国际中心大厦，以全国最大手机工具类软件开发商久邦数码为龙头的300多家企业集聚，让这座大厦年营业收入超百亿元、年税收过亿元。

“8年前，我们开始扎根越秀。当时，我们大胆改变开发路径，从塞班系统工具开发转向安卓工具开发，同步开启海外化策略。”久邦数码首席运营官朱志说。目前，久邦数码已在全球超过200个国家和地区拥有过亿用户。在中华国际中心大厦中，久邦数码的“邻居”还有拜耳医药保健有限公司、上海罗氏制药有限公司等数十家中国乃至世界500强企业。

在广州市越秀区，仅仅33.8平方公里的面积，崛起60栋年税收超亿元商务楼宇，这是这一区域加快迈向高质量发展的真实写照。

“小体量”“大能量”高新科技企业的大量汇集，带来人才、资本、技术、平台等高端要素的集聚。

从过去更强调总产量，到现在更注重单位产出，广东正在以提高全要

素生产率为导向，推动经济实现高质量发展。

“一亩地”的经济产出，微小的变化背后却折射着向高质量发展跃升的坚实步伐。2017年，广东省每平方公里经济产出超1亿元的城市有7座，其中，深圳每平方公里产出超过11亿元，远超上海市4.7亿元的经济密度，位居全国之首。

深圳的土地面积仅为1997平方公里，相当于北京的八分之一，上海的三分之一。在不足2000平方公里的土地上，创造出了2.2万亿的GDP，是深圳向创新要动力、向高质量发展找未来的生动注脚。

中国社会科学院城市所及社会科学文献出版社发布的《商务中心区蓝皮书：中国商务中心区（CBD）发展报告》显示，深圳福田CBD与广州天河CBD的GDP分列全国第一、第二名。在代表经济质量的税收贡献方面，深圳福田CBD纳税总额超过千亿元，位居全国城市首位，其中，纳税超亿元的楼宇数量达到69座，全国第一。

在广州天河CBD，税收超1亿元的楼宇51座，其中有15座税收超10亿元，单座楼宇比中西部一个中等规模开发区的税收贡献能力还要强。

当前，在广州与深圳中心城区，众多知识密集度高、创新性突出、资本管控能力强的国内外大型企业“扎堆”入驻，成为城市经济高质量发展的支撑力量。目前，已有143家世界500强企业在天河CBD设立了191个项目机构，很多就落户在亿元楼宇中。

此外，珠三角的广州、东莞、佛山的经济密度也纷纷进入全国十强。粤东的汕头经济密度每平方公里超过1亿元，数值甚至高于成都、长沙、青岛等城市。

“亩产”效益不断提升，纳税“亿元楼”集中出现，背后是广东省各地市推动土地等资源向优质企业与产业集中，推动经济向高质量发展的不懈努力。

深圳市龙岗区南岭村的创新转型，便是其中的典型样本。在南岭1983创意小镇，康体生命公司占据了二楼的大半层楼。这家以驼类动物中发现的“驼类单域抗体”为项目研发核心点、入驻仅8个月就成功研发出首款国产GFP抗体的公司，是南岭基金重金投资引进的“黑科技”企业。

“这些年，我们不停地思考、摸索，除了房地产、工业园、酒店旅游等传统产业，深圳的村集体还能做什么？怎样才能真正冲破人才资源的束缚、产业结构的瓶颈，以及发展空间的约束？”张育彪说。

三四年前，张育彪接触到创投行业，认真考察后，大家认为这条路是村集体创新发展的一个方向，可以尝试尝试。就这样，南岭村开始进军创投行业。

这种转变，源自要素制约的倒逼。“在经济转型升级的今天，如果我们还是守着土地、靠着房租，不搞创新发展，不仅跟不上时代，还有可能拖转型升级的后腿。”张育彪说，希望有一天能带领南岭村村民一起去敲钟上市，让村集体企业变成一个现代化多元化的产业集团，闯出一片新的天地。

进退之间，创新转型，越来越多像南岭村这样的样本正在广东大地出现。而这背后，是走出速度依赖和换挡焦虑的广东高质量发展制度变革。

在迈向经济高质量发展的过程中，一些城市先行一步，严把土地供给闸门，扩大土地有效供给和中高端供给，在源头上提升资源的配置效能。

前不久，《深圳市总部项目遴选及用地供应管理办法》正式发布。按

比亚迪电动大巴

照该办法，深圳对总部项目供地将实行“全年期、全过程”的产业发展监管机制，任一考核阶段未达总部标准的，建设用地使用权无偿收回。

而在制造大市东莞，近47%的高强度土地开发，意味着过去以生产要素驱动为主的发展路径，已无法支撑城市与产业的持续发展。2017年，东莞政府1号文提出“倍增计划”，在“倍增计划”20条中，针对创新土地要素供给的政策占了四分之一。从鼓励企业“原地倍增”、建立集约发展用地指标分配机制、创新土地供应、支持总部经济用地、解决用地历史遗留问题等五个方面缓解土地紧张的问题。

在东莞“倍增计划”试点企业德尔能的新能源汽车电池生产车间里，从上料到将数千颗电芯放入输送链生产线，都由上下翻转的机械手一力完成。操纵这些机械手的是一群有着大学学历的产业工人。德尔能公共事业部总监辛创表示，在土地紧张的环境下，单靠传统要素资源发展之路是走不通了，唯有通过技术改造提高产能和生产效率，增强企业的效益和规模，这才是企业发展之本。

在政府加强引导、企业积极转型的共同努力下，2017年，东莞市每平方公里经济产出超过3亿元，位居广东省第二。

越来越多的城市开始重视并向低效土地“宣战”。

2017年，广州城市更新项目产业园区建设工作座谈会宣布，该市303个成片连片150亩以上的村级工业园将得到优先改造。

2018年4月底，佛山市顺德区伦教堤围旧渡口旁，随着几台推土机的轰鸣前进，破旧的厂房应声倒地，伦教村级工业园升级改造进程由此开启。佛山提出，要用市场化、法治化的手段去除低端落后无效产业，对全市占地193平方公里的1029个村级工业园区进行整治提升，运用市场机制清理整顿不达标企业，为新动能腾出发展空间。

从东莞开启“倍增计划”到佛山整治村级工业园，制度与理念的革新撬动着新的产业变革。

以提高土地利用质量和效益为目的，倒逼企业转型升级，加快推动经济发展质量变革、效率变革、动力变革，不断提高全要素生产率，正成为广东推动经济高质量发展的重点路径。

● 奥比中光自主研发出3D试衣间，记者站入2秒钟后近百项数据全部在后台呈现

一个集群的升级

创新要素加速流动，新技术打开新空间

在佛山高新区，广工大数控装备协同创新研究院的周围遍布制造工厂和企业。该研究院从成立之初就肩负这样的使命：对接企业需求，让高校科研落地，推动创新要素加速流向广袤的产业腹地。

该研究院院长杨海东表示，目前研究院有60多个团队，研发创新产品超过60项，服务地方企业超500家，带动产值超过50亿元。

在研究院的数字化展厅，广东工业大学机电工程学院教授管贻生站在白色的机械臂前展示最新的科研成果，“通过我们自主研发的机器人离线编程系统，打磨出来的铸件去毛刺效率高，更加环保安全”。在佛山，已经有30余家企业用上了管贻生团队的机器人和技术。

“创新需要走进工厂车间、走到企业生产一线，才能有生命力。这里有雄厚的制造业基础，发展工业机器人有很大的市场空间。”在管贻生看来，科研成果不能躺在实验室里“睡大觉”，而是必须对接合适企业，使之尽快产业化。

“管贻生们”的到来，加速着先进装备制造产业在广东经济版图上的崛起。而以新型研发机构为代表的新型管理体制和运行机制，开启产学研精准对接的探索，加速创新要素的流动，带来生产效率的快速提升。截至目前，广东省政府批准认定的新型研发机构已达219家。据统计，近3年，新型研发机构成果转化收入和技术服务收入不断增加，2017年预计达到614.5亿元，平均每家机构达到2.8亿元。

新型研发机构的快速发展，逐步为企业的转型升级打开一条新的路径——从以前侧重量的堆积，逐渐转换为重研发、重技术，开拓市场和产业新空间。在调研中，不少企业表示，科技创新转化成为生产力是一个系统工程，需要企业、政府、平台、资本、人才等环节的深度联动。

“从源头开始，企业需要攻关符合市场需求的科技成果，接地气、瞄准市场是可持续发展的基础。”珠海英搏尔电气股份有限公司董事长姜桂宾说。

创新，是推动高质量发展的动力。当前，劳动力、资源和土地等要素的数量红利正在减弱。经济转向高质量发展，面临的最大瓶颈是创新能力和人力资本的不足，这与经济高速增长时期遇到的“电力瓶颈”“能源瓶颈”“交通瓶颈”是不同的。

如何加强创新能力建设，增加人力资本投资，着力提高全要素生产率，这是摆在广东面前的新课题。

几年前，深圳市光峰光电技术有限公司还是一个仅有几名研发人员、办公面积不足170平方米的默默无闻的小微企业，如今却已成长为具有几百名研发人员、创造了数百个发明专利的激光显示行业的引领者。“这其中，最大的转折点是入选深圳‘孔雀计划’，得到政府千万元的资助。”深圳市光峰光电技术有限公司董事长李屹说。而经过之后几年的发展，他们在深圳这个国家创新型城市，深切感受到政府对人才的重视和对创新型企业的扶持。

“来了就是深圳人”，宽松的入户门槛让成千上万怀揣梦想的人们来到深圳。深圳在人才引进机制上的创新，为“孔雀东南飞”注入新内涵。比如，探索海外引才引智政府购买服务新模式，整合深圳科研院所、企业、社会组织等海外分支机构资源，打造海外智力人才综合服务平台。

从“孔雀计划”到最高1亿元支持建设诺贝尔奖科学家实验室，深圳以全球视野、创新机制汇聚天下英才。在深圳创业的刘宗建认为，不断创新的人才机制是深圳长期保有竞争力的关键。

数据显示，2017年深圳新增全职院士12名，累计29名；新增国内高层次人才730人，累计6979人；新确认“孔雀计划”人才958人，累计2954人；新引进海外留学人员1.8万人，累计近10万人。

一场人才争夺战，已经在广东各城市悄然打响。

珠海正式出台《关于实施“珠海英才计划”加快集聚新时代创新创业人才的若干措施（试行）》，以前所未有的力度招揽人才。其中明确，未来5年，珠海市、区两级财政每年为人才支出将突破25亿元，比政策实施前增长超5倍。

广东不少城市开始探索更切合实际、更差异化的人才引进与评定机制。

佛山、东莞这样的制造业大市，在降低入户门槛的同时，开始更关注技能型人才的用留。

2017年底，东莞提出了要打造“技能人才之都”的计划。为更好地支持技能型人才的引进，东莞计划在机制上实现突破，比如要争创技能人才培养的试验区、创新技能人才培养评价制度等。

2017年，佛山首个由行业协会主导的企业人才评价项目在南海完成，绕开人力资源部门的“写论文”要求，60位扎根一线的汽车修理工人，最终获评高级工。“与传统‘晋级’相比，这类评定企业自主权更大，更有助于留住人才。”南海区劳动就业服务中心相关负责人表示。

从新型研发机构到人才新政的探索，更加积极、更加开放、更加有效的科创机制与聚才策略，正在打通各类高端资源的流动渠道，为产业集群升级提供支撑，助推经济高质量发展。

小鹏汽车董事长何小鹏观察发现：“越是新锐的城市，越注重政策向

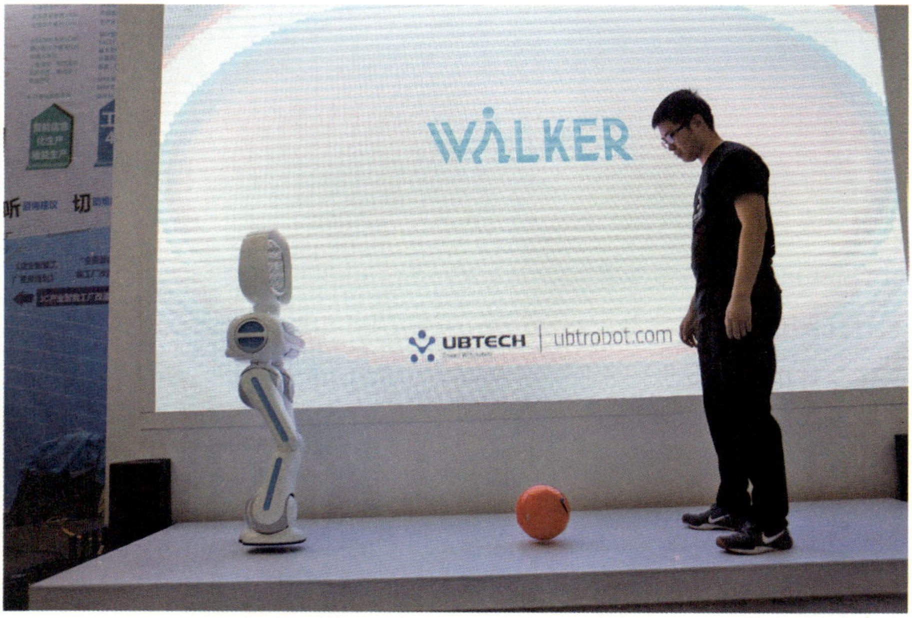

● 机器人Walker和人互动踢足球

科研人才倾斜。广东目标明确，牢牢抓住了战略性工程，不遗余力支持人才‘第一资源’。”

广东省社会科学院宏观经济研究所所长陈再齐表示，广东要持续深入加快技术和知识产权市场化改革，继续发挥广东创新成果转化能力强的优势，探索下放科研院所、高校科研成果使用权、处置权和收益权，提高科研人员科技成果转化收益，打通从科技成果到市场的“最后一堵墙”。

一次改革的探路

从拼资源到拼制度，重塑营商环境新优势

2018年5月上旬，广州再推多项优化营商环境改革举措。今后在广州开办企业，申领营业执照、刻制印章备案、初次申领发票全过程只须一次性提交申请材料，不超过3天全部办妥。

广州市聚焦市场准入前端持续发力，出台一系列开办企业便利化改

革举措，激发了投资创业热情和市场主体活力，近三年新登记市场主体以11%、18%、34%的增速持续增长。截至2018年3月末，全市实有市场主体总量达180.7万户，每千人拥有企业61户。

正确处理市场和政府在配置资源中的关系，对于推动经济高质量发展至关重要。

放眼全国，一场制度创新的竞逐已然展开：上海在前两年合计减负超过1530亿元的基础上，2018年进一步推出9方面18项降成本政策，更引来了全球电动车龙头特斯拉的青睐；浙江正深化政务服务"一网通办"改革，推动办事"只进一扇门""最多跑一次"；福建厦门市聚焦扩大市场准入，支持境外投资者以并购方式设立企业……这一系列改革不断优化营商环境，激发市场活力和社会创造力。

对标全球，广东与国际先进水平之间仍有差距，营商环境对高端经济要素的吸引力在减弱，发展质量和效益不够高的问题凸显。

"打造全球一流营商环境是党的十九大后新时代改革开放的迫切需要。"商务部原副部长、中国国际经济交流中心副理事长魏建国认为，中国改革开放四十年来，经济发展新动力全靠一次次开放倒逼改革而形成，未来能否通过改革开放打造全球一流的营商环境，将是中国经济能否顺利转向高质量发展的关键。

"广东是毋庸置疑的探路者。"魏建国认为，广东有理念、有基础、有能力，率先打造中国最佳、达到世界一流标准的营商环境。

广东加大力度重塑营商环境新优势，用改革营造更好发展环境，让市场更有活力——

2017年以来，广东出台"实体经济十条"，为企业新减负600亿元；出台"外资十条"，缩减外商投资负面清单，"一站式"审批社会投资建设工程项目，全年实际利用外资达1383.5亿元；率先实现"单一窗口"国家标准版全覆盖；启动基础设施供给侧结构性改革，重点优化项目库、投资、审批等制度供给。

"广东对全球企业非常关注，种种举措和转变正吸引更多跨国公司来这里发展。"跨国科技巨头、德国默克集团执行董事会主席欧思明说。

2018年4月底，该集团再度“落子”广东，将与深圳华大基因开展生命科学及医药领域创新合作。

不久前，欧洲最大海港——荷兰鹿特丹港与广州南沙自贸片区开通“中欧安全智能贸易航线试点计划”航线。“广东通关便利化水平提升之快，令人嫉妒，为企业从事全球贸易提供了良好环境。”该港口海关副关长艾哈迈德•坎苏说。

同样在广州，阿里云全国工业云总部建设提速，阿里云总裁胡晓明计划用5年左右在广东培育10万以上产业互联网人才。他认为，培育人才最核心的仍是优化营商环境，广东正向全球开放，用最大市场换最强人才。

“当前区域的竞争，已不是拼土地、拼资源、拼环境，而是拼营商环境等制度优势。”中山大学粤港澳发展研究院港澳珠三角研究中心副主任张光南认为。

“不要‘小富即安’，不要止步于‘全国领先’，广东仍须快步跑。”魏建国表示，必须对标全球最好的营商环境，以更高标准的定位推动更高质量发展。

广东正在谋求更大作为。

富士康科技集团董事长郭台铭提出，广东营商环境最大的问题是居住成本高，制约人才引进。他的烦恼有望进一步解决。2018年3月，广东省出台《进一步推动落实“实体经济十条”政策工作方案》，明确2018年将支持大型制造业企业利用自有存量用地建设公共租赁住房（单位租赁房）。

“三天开公司、一站到位、所有批文办好，这已不是稀奇的事。”在调研香港近3000家科技型创业公司后，香港科技资讯联合会会长邱达根发现港企在广东创业效率大大提升。

实现高质量发展，需要更优的营商环境，在广东正在成为共识。广东计划以优质的制度供给、服务供给、要素供给和完备的市场体系，增强发展环境的吸引力和竞争力，力争在构建推动经济高质量发展的体制机制上走在全国前列：

——深入推进“放管服”改革，争取将省级权责清单事项再压减1/4

以上；推进“证照分离”、网上审批取得突破性进展，大力精简领取营业执照后的各类许可证；年内初步搭建起统一安全的政务云平台，提高政务服务水平。

——加快国资国企改革，制定实施出资人监管权责清单，国有资本70%以上集中到基础性行业和关键领域，加快重组机场、轨道交通、能源、港口等基础设施功能公司，深化国有资本投资运营公司、管理层市场化选聘等改革试点。

——完善财税金融体制，落实中央税制改革，推进地方税体系建设；发挥财政资金放大作用，引导社会资本投向经济社会发展的重点领域和薄弱环节；落实地方金融监管职责，成立地方金融监管局。

——积极构建亲清新型政商关系，依法平等保护企业和企业家的财产权、创新权益、自主经营权和知识产权；建立完善涉企收费、监督检查等清单制度，清理摊派事项和各类达标评比活动，最大程度减轻企业负担。

“广东曾走在改革开放最前沿，企业投资先到广东再到内地。”正如郭台铭所期待的，背靠粤港澳大湾区的广东，正在面临新的历史机遇。

“未来5年是广东形成全球最佳营商环境雏形的最好时期。”魏建国说。

一个窗口的升级

三天推一项制度创新，向体制机制要增量

在深圳前海，前海金控董事长李强感受最深的不仅仅是营商环境的提升，更是体制创新突围打开的崭新空间。他还记得五个月前的情景：前海蛇口自贸片区蓝白色标志性大拱门一侧，人头攒动，岭南醒狮队起伏跳跃，“CEPA10”框架下获得证监会核准设立的汇丰前海证券有限责任公司正式开业。

作为内地首家港资控股证券公司，汇丰前海证券由香港上海汇丰银行与前海金融控股有限公司共同发起成立，分别占股51%和49%。

两家港资控股证券公司均突破了外资不能控股和单一牌照的限制，并打破了以往外资只能和内地证券公司合资设立投行业务子公司的局限，成为前海金融改革试验和引导顶尖香港金融机构进驻的里程碑事件。

李强难掩激动之情，此事从立项到核准经过了5年，“如果说这是个爱情故事，也是个伟大的爱情故事”。

汇丰前海证券的故事背后，是广东自贸区向体制机制要增量的实践。数据显示，广东自贸区挂牌三年来，共形成385项制度创新成果，平均每3天推出一项改革创新举措。

制度创新逐渐释放出发展红利，人才、资本等要素快速集聚。在前海蛇口片区，累计注册企业16.86万家，平均每天新增88家，其中，世界500强投资设立企业335家，2017年纳税过千万元企业达549家。汇丰集团、东亚银行、港交所、嘉里集团、周大福、新世界、九龙仓等知名港企纷纷进驻，几乎每天就有7家港企落户。

在中山大学自贸综合研究院常务副院长符正平看来，前海蛇口片区有别于其他片区的一个重要特点是，形成了大规模的协同创新机制，即政府、社会、市场共同参与，各类创新载体互动，形成叠加式创新的机制。这在打通平台壁垒、避免各部门单打独斗的同时，更注重了解企业痛点，让创新贴近市场需求导向。

走访广东自贸区三大片区，体制机制的改革创新成为过去三年的核心主题。

“一颗印章管审批”的改革，让人们深刻感受到了“南沙速度”。南沙成立了自贸区行政审批局，实现审批事项76大项143子项“一颗印章管审批”。

毕马威企业咨询（中国）有限公司发布的营商环境评估分析报告显示，在开办企业指标方面，南沙片区新设企业总共需2个手续，可在半天内领取营业执照。三年来，南沙自贸区累计形成376项改革创新成果，其中19项在全国复制推广。

横琴岛以东，投资约3亿元的金源国际广场项目工地自春节假期过后便呈现一片忙碌的景象。“以往在其他地方做项目，办施工许可证前后需

● 广工大数控装备研究院内展示的3D打印产品

要花1年时间，如今在横琴，我们拿到这个施工许可证，仅花了1个月时间。”投资方负责人陈志强说。

陈志强等人的体验，源于横琴率先启动的社会投资类工程管理创新试点。围绕企业的“痛点”“堵点”和“难点”，横琴实际落地310项制度创新成果。“三年来，横琴制度创新呈现整体性和模块化的趋势。”横琴新区管委会主任杨川介绍说。

从前海蛇口到南沙、横琴，这片热土上的变革折射着一个窗口的升级。

改革开放四十年来，广东打开“窗口”，引进先进生产力要素，延揽八面来风，国人面向世界、走向世界，到全球大市场上竞帆逐浪。透过这个“窗口”，世界更真切地看到了因改革开放而更加生机勃勃的中国。

而现在，不断深化改革开放的广东自贸区，在高质量发展中加速前行的广东，正在奋力建设成为践行习近平新时代中国特色社会主义思想，向世界展示我国改革开放成就的重要窗口、国际社会观察我国改革开放的重要窗口。

粤港澳大湾区的规划建设，为“窗口”的升级带来了新的机遇。

站在新的起点上，如何谋划新一轮的改革创新举措，成为广东自贸区面临的新命题。改革开放是决定当代中国命运的关键一招。而在广东自贸区，得改革风气之先，拥开放地利之便，率先发展的路线图十分清晰，就是继续用好改革开放的关键一招。

在挂牌三周年的节点上，广东自贸区各片区加快向构建高质量发展的体制机制迈出探索的步伐。

广东自贸区南沙片区为集聚人才创新发展频出新招，对高端领军人才给予高达1000万元的安家补贴，将打造粤港澳大湾区人才高地。

“在前海工作的港澳居民即日起免办台港澳人员就业证！”港籍工程师李志健在朋友圈转发了这样一则消息。这意味着，实施超过24年的“台港澳人员内地就业实行就业许可制度”被一举打破，在前海就业的数千港澳居民将直接受益。

在国务院批准的《中国（广东）自由贸易试验区总体方案》中，对广东自贸区的战略定位，就是依托港澳、服务内地、面向世界，将自贸试验区建设成为粤港澳深度合作示范区、21世纪海上丝绸之路重要枢纽和全国新一轮改革开放先行地。

从经济特区到自贸区，再到粤港澳大湾区，体制机制的创新将汇聚起更强大的发展力量。

一个新局的破茧

破解区域发展不平衡，珠三角和粤东西北齐头并进

当深圳前海的高楼抓紧建设、拔地而起时，距离135公里外的深汕特别合作区正在掀起开发建设的大幕，一场破解区域发展不平衡的广东实践已经开启。

广东区域发展不均衡的问题突出，这里不仅有我国经济体量最大的城市群——珠三角，也有人均GDP不到全国平均水平的粤东西北地区，“富甲天下”与贫困落后并存。这在一定程度上也是中国经济版图的缩影。

从创新投入和创新要素看，珠三角研发投入占广东全省95%，粤东西北仅占5%；粤东西北高校数量仅占16.6%，国家高新技术企业数量占比不足10%，规模以上工业企业研发机构覆盖率仅有11%。

破解区域发展不平衡不充分这一历史性难题，促进粤东西北产业振兴发展，是当前广东面临的重大课题。

在不少专家看来，广东要继续成为引领全国社会经济发展的领头羊，光靠珠三角是不够的，必须重塑新的格局，让珠三角和粤东西北在未来的高质量发展中齐头并进。

广东省政府参事、省委党校教授陈鸿宇认为，广东在缩小珠三角地区和粤东西北地区的发展差距方面压力仍大，各市之间发展分化现象仍然存在，根本原因在于区域发展体制及政策体系未能完全与协调发展的目标任务相适应。“光靠对欠发达地区给资金给项目，无法形成粤东西北地区的内生发展动力。”

在河源，万绿湖水清澈纯净。这背后，一场生态保护的攻坚战持续多年。2015年至2018年期间，河源在生态保护、污染治理、水利建设及林业生态保护等方面的投入（不含县投入）高达72.21亿元。为了保障东江水质不下降，当地做过测算，“十三五”期间仅市县河流（水）环境综合整治项目（19个）就须投入12.76亿元。而2017年河源市一般预算收入为71.19亿元，一般预算支出高达282.16亿元。

“由于地方财力薄弱，生态环境保护工作任务繁重，污染综合治理资金需求量缺口巨大。”河源市政府有关负责人坦言，河源把水质保护放在优先位置，近年来在招商引资过程中先后拒绝500多个总投资额近1000多亿元的重污染工业项目，但是与此同时，水质改善和保持的压力却不断增大，资金投入需求量大。

如何以区域生态补偿、财政转移支付等相关机制的改革创新，让河源等粤东西北城市实现与珠三角的协调发展，全新的探路正在开启。

在省内跨市区的生态补偿方面，广东在加快探索步伐。近期，广东省政府召开的东江流域水环境综合整治及落实“河长制”工作会议，便要求按照合理、精准、定量的原则，加快建立横向上下游生态补偿机制。把奖

广工大数控装备协同创新研究院内展出的智造机器人

惩机制纳入区域生态补偿制度创新，探索生态保护的长效机制，是广东省今后推进区域协调发展的方向。

在深汕特别合作区，过去无人问津的小镇如今施工机器声隆隆，运输车辆进进出出，施工团队盯紧时间进度表。“这景象有点像多年前的深圳，如果按照规划，这里以后就会是一个‘小深圳’。”合作区管委会相关负责人如是说。

2018年开始，深汕特别合作区体制机制调整后，深圳将按照“10+1”（深圳市10个区+深汕特别合作区）模式给予全方位的政策和资源支持。

在深汕合作区，企业以“深圳总部+深汕基地”“研发+生产”模式落户，可享受深圳企业同等待遇，并同时享受省产业转移扶持政策及国家和省给予的革命老区政策。在政策引导下，汕尾先后引进了深圳的比亚迪新能源汽车、中山的国信通、深圳的德康威尔和海王集团、东莞的比亚迪碳纤维材料供应商宏毅公司等一批关联企业项目落户，形成产业链的整体转移。

在佛山（云浮）产业转移工业园内的9SSL燃料电堆生产线，正在有条不紊地运作。这是目前全球产能最大的氢燃料电堆生产线。

云浮市生态环境优良，是珠三角的重要生态屏障。如何在不破坏当地生态的情况下，依据云浮实际，探索一条对口帮扶的新路，这是佛山面临的课题。很快，佛山将目光投向氢能产业，并将原本准备落地佛山的氢能产业项目带到了云浮。

对于新建一个产业园区，两市尤其是佛山的积极性如何激发出来？除了省里的考核，两市设立了利益共享机制，将彼此"捆绑"在一起，比如共同组建佛山（云浮）产业转移工业园投资开发有限公司，由两市共同出资。

深圳与河源共建中兴通讯生产基地，深圳与汕尾共建比亚迪生产基地……地区对口帮扶机制的模式创新，让先进生产力加速从珠三角向粤东西北转移。根据广东的工作安排，2018年将继续探索园区统筹组团发展等联动发展模式，改革创新规划建设、土地利用、利益分配等体制机制，推动区域间资源优化整合、高效利用。

陈鸿宇表示，应该把有没有加大对粤东西北的输血力度，能不能增强粤东西北的造血功能，作为广东省区域协调发展体制机制改革的核心要求。他建议，从完善省级财政转移支付机制、完善区域生态补偿机制、完善区域对口帮扶机制、完善基础设施投融资体制、完善基本公共服务均等化推进机制等五大方面来推进体制机制改革。

展望未来，广东正在展开"一核一带一区"的发展新格局——推动珠三角核心区优化发展；把粤东、粤西打造成新增长极，与珠三角城市串珠成链，形成沿海经济带；把粤北山区建设成为生态发展区，以生态优先和绿色发展为引领，在高水平保护中实现高质量发展。

这是推动区域协调发展、协同发展、共同发展的新战略，是加强区域合作、优化产业分布的新布局，更是完成先富帮后富，最终实现共同富裕目标的新举措。

以主体功能区配套制度改革为抓手，完善城乡区域协调发展体制机制，广东正在找准发力点。按照主体功能定位，广东将实行差别化精准化的人口、财政、投资、产业、用地等发展政策，支撑各区域在更高水平上协调发展。

中流击水，奋楫者进。

在高质量发展的道路上，打开发展新格局的广东正加满油、把稳舵、鼓足劲，奋力在构建推动经济高质量发展体制机制上走在全国前列。

（2018年6月4日）

奋力实现“四个走在全国前列”深调研

“构建推动经济高质量发展体制机制”调研小组成员

郑佳欣　袁纪琦　苏　力　张素圈　冯善书　陈小庚　昌道励　朱紫强　戴嘉信

奋力实现“四个走在全国前列”深调研之二

现代化经济体系：立起协同发力的新四梁八柱

深圳福田CBD，仅6.07平方公里的面积，却有着69座每年贡献税收过亿元的“亿元楼”。

从福田向南，一个面向深港合作的新平台——落马洲河套地区正在成为粤港澳大湾区的“梦工场”。

的确，大步走向现代化的中国，正是一个充满活力的“梦工场”。

在人类文明的马拉松中，“现代化”一词在18世纪中叶出现以来，这一历程已经走过近300年。蒸汽机吐着白气推开现代化大门，肇始了人类文明的深刻嬗变。在现代化进程的大舞台上，新兴、老牌大国次第亮相，演绎了各具特色的发展篇章。

时间的年轮来到改革开放四十周年，离基本实现社会主义现代化的目标仅剩17年。国内外形势正在发生深刻复杂变化，我国发展仍处于重要的战略机遇期，前景十分光明，挑战也十分严峻。

国家强，经济体系必须强；要基本实现社会主义国家现代化，必须构建现代化经济体系。

“建设现代化经济体系，事关我们能否引领世界科技革命和产业变革潮流，赢得国际竞争的主动，事关我们能否顺利实现‘两个一百年’奋斗目标。”2018年3月7日，习近平总书记参加十三届全国人大一次会议广东代表团审议，对广东寄予了“在构建现代化经济体系中走在全国前列”的殷殷嘱托。

新时代，广东再次为全国探路，率先破题。

中流击水，奋楫者进。作为中国第一经济大省的广东，经济体系的构成要素比较健全，建设现代化经济体系基础良好。围绕实体经济、科技创新、现代金融和人力资源协同发力，广东正发挥优势，跨越关口，立起现代化经济体系的“四梁八柱”。

全球运营

世界工厂真正成为“全世界的工厂”

实体经济是现代化经济体系的根基，根基牢固，枝叶才能繁茂。

“要更加重视实体经济，深入实施‘互联网+’行动计划，加快推动制造业转型升级，防止经济脱实向虚。”习近平总书记参加十三届全国人大一次会议广东代表团审议时，“实体经济”被频频提及。

在广东谈实体经济，有着特别的意义。1978年，太平手袋厂的手袋拉链轻轻拉开，不经意间拉开了“广东制造”的大幕，掀起了此后40年波峰竞逐的制造大潮。由外资注入带动的OEM（贴牌生产）生产模式，使广东搭上了以加工贸易参与国际分工的“快车”。

“工业化很重要，我们这么一个大国要强大，要靠实体经济，不能泡沫化。自力更生任何时候都不能少，我们自己的饭碗主要要装自己生产的粮食。”习近平总书记谆谆告诫，靠实体经济发展起来的广东，还要依靠实体经济走向未来。

从OEM到ODM（委托设计生产）、OBM（自由品牌营销），广东不断通过质量变革、效率变革和动力变革，走上了“全球配置、服务全球”的道路，涌现一批同时拥有全球要素配置能力和服务全球市场能力的企业，真正成为“全世界的工厂”。

位于广州番禺化龙的广汽乘用车生产线，每隔不到1分钟，就有一辆崭新的传祺汽车下线。如此的高效，依靠的便是高度智能化的生产线。运送物料的AGV无人车（自动导引运输车），顺着各自的轨迹，在整个工厂间来回穿梭，自动完成零部件和车身组件的自动取件、搬运、上料。而近200台机器人，根据不同的车型，没有停歇地挥摆手臂，各司其职，场面非常壮观。

类似广汽乘用车这样的智能化工厂在广东传统制造业中并非个例。在顺德，正在热火朝天建设的美的库卡智能制造产业基地将于2018年年底投产，届时首批“顺德造”6轴机器人将下线。

美的收购库卡，让美的“全球运营”走上一个崭新高度，也让美的从此不再是人们传统印象中的那个家电企业，真正开始走上全球化科技集团的路径。

在制造业转型升级的舞台上，美的这样的巨无霸企业漂亮转身，响亮地回应了“谁说大象不能跳舞”。

正如广汽和美的，在建设现代化经济体系的进程中，不变则罔，不进则退。近300年的世界现代化史，实际就是一部实体经济的更新史。正是依靠工业革命，转向工业立国，才使英国这个孤悬一隅的小岛，孕育了超凡的能量，成为跨越两个世纪世界发展的领头羊。正是重视科技发明、信奉“专利制度就是将利益的燃料添加到天才之火上”，才使美国这个原本照搬欧洲技术的学生，成为一个具有自主创新能力的国家，抓住机遇跃居世界第一经济强国，并以不断创新的方式增强综合国力、巩固超级大国的地位。

改革开放以来中国经济近40年的高速增长，制造业功不可没。虽然成就斐然，但是却面临大而不强的局面。一方面是产能过剩，另一方面高质量、高价值产能不足，不是消费需求不旺，而是高质量、高层次的有效供给不足。以传统产业代表的旧动力在减弱，以新兴产业为代表的新动力不足，成为我国实体经济的主要障碍。

“要依据现有条件，着眼未来发展，把新一代信息技术、高端装备制造、绿色低碳、生物医药、数字经济、新材料、海洋经济等战略性新兴产业发展作为重中之重，构筑广东产业体系新支柱。”习近平总书记为广东开出了建设现代化产业体系的药方。

思想引领前行，战略布局未来。在“创新、协调、绿色、开放、共享”五大发展理念的指引下，广东不再是世界的跟随者，而要成为参与者、引领者，成为世界前沿产业的弄潮儿，以现代化的产业体系为人民谋福利、为民族谋复兴、为世界谋大同。

“过去一年，数字经济已经成为发展最快、创新最活跃、辐射最广的经济活动。全球主要的科技与互联网公司都站在这个风口上，获得了高速的发展。仅仅在这一年时间里，我们看到全球市值最大的十家公司里面，有七家是科技公司，这七家里面又有五家是互联网公司。”马化腾在2017年的世界互联网大会上表示。

站上世界最强风口，广东在数字经济领域立起新支柱。

2018年3月29日，中国超高清视频（4K）产业发展大会在广州圆满落下帷幕。2018年4月2日，2018中国（广东）数字经济融合创新大会如期而至。富士康科技集团总裁郭台铭、美的集团公司董事长方洪波、阿里云总裁胡晓明、腾讯云总裁邱跃鹏、华为公司5G产品线副总裁杜叶青……热门话题和重磅嘉宾吸引了2000余名听众共享这场思想盛宴。

同样是超千人的大会，同样聚焦数字经济这一主题，同样是重磅与会嘉宾。短短五天之内，密集举办高水平、高规格的千人大会，广东按下数字经济发展的“快进键”。

早在2017年年底，广东省政府就发布了推动4K产业发展的三年计划，成为中国内地首个推动4K超高清产业专项扶持政策。

● 美的机器人展区，观众与KUKA机器人来一场打地鼠对决

“4K超高清是广播电视领域继数字化、高清化之后的又一次重大技术变革，将带来前端设备、网络基础设施、终端设备的整体更新换代，形成巨大的市场前景。”工信部电子信息司副司长乔跃山说。据预计，到2025年，全球4K电视市场将达到3889亿美元。而中国，已成为4K电视产品全球第一大市场。我国不仅拥有庞大的消费群体，生产制造也占据着大半江山。

站在全球4K产业要素配置的起跑线上，广东已经率先抢跑，冲刺未来。

瞄准世界前沿产业的另一颗棋子，落在了海上风电产业。据全球风能理事会统计，2016年全球海上风电新增装机2219兆瓦，主要发生在七个市场，除英国和德国外，中国大陆是第三大新增市场，成为海上风电世界竞技场的“黑马”。

在“打赢蓝天保卫战”的伟大号召下，广东海上风电产业加速的步伐更加紧凑。一个个海上风电项目快速上马。炎炎烈日下，在珠海桂山岛海域，一个高近90米、重达500余吨的“巨无霸”在海平面上被徐徐吊起。明阳风电桂山海上风电项目经理罗刚介绍这些正在被吊起的“巨无霸”，原来是明阳智能自主研发的MySE3.0-112的风机。

明阳集团风机装配车间

罗刚说，只要海上天气合适，这样一个海上“巨无霸”吊装完成，只需3到4个小时，一天就可以完成两台风机的吊装工作。

2018年4月23日，广东省发改委正式发布《广东省海上风电发展规划（2017—2030年）（修编）》（以下简称《规划》），到2020年底，广东省将开工建设海上风电1200万千瓦以上，其中建成投产200万千瓦以上，总投资360亿元以上；到2030年底前建成海上风电约3000万千瓦，总投资约5400亿元以上。拥有4114公里海岸线的广东，以海上风电为杠杆，撬动千亿级的海洋经济和清洁能源“跨界”产业。

新产业茁壮成长，广东的“传统支柱”汽车制造业也在紧抓世界前沿的风口，实现“老树发新枝”。目前，广东全省新能源运营车辆达6.1万辆，新能源城市公交达3.6万辆，深圳市已实现了公交全面电动化，新能源汽车的推广实现了车辆规模“量的增长”、应用水平“质的提升”、重点领域“点的突破”和交通行业“面的发展”。未来，广东省在推广新能源汽车方面提出了更高的要求：至2020年，珠三角城市全部实现公交电动化。

创新嬗变

广东“硅谷”与加州硅谷握手

很多论者喜欢将中国的广东与美国的加州类比，因为两者在各自国家中的经济地位与禀赋非常相似。广东有一个梦想，就是打造中国版的“硅谷”，与加州“硅谷”握手。

走进深圳超多维光电子有限公司展厅，首先看到的是一面密密麻麻的“专利墙”。这家曾获国家技术发明一等奖的创新企业，以“不卖产品，只卖专利”闻名。“如果你到超多维看一看，会发现它不是传统的生产企业，你看到的都是实验室。因为超多维的最终产品是技术、专利。”截至目前，超多维已在全球范围内申请专利1000余项，82%以上为发明专利，其中3D显示技术专利数量全球领先。

“这些年，深圳高新技术产业发展成为全国的一面旗帜，要发挥示范带动作用。”深圳的科技创新，始终牵动着习近平总书记的心。

在世界局势风起云涌的当下，习近平总书记反复讲“科技创新是建设现代化经济体系的战略支撑”，意味深长。

“东莞塞车，全球缺货”曾经一度成为“广东传奇”，但彼时这种处于“微笑曲线”底端的产品，在市场经济的大潮中不断受到“两头挤压”。

十年前，遭遇国际金融危机冲击的广东，最早进入经济发展“新常态”，也最先高喊“创新驱动发展”。

2008年以后，广东出台了一系列产业转型升级的政策，传统的劳动密集型、加工贸易型和外源式发展模式均在不同程度上发生改观，产业结构的优化趋势已经显现，高新技术产业、先进制造业、现代服务业以及战略性新兴产业均在稳步向前推进，产业结构正向高级化迈进。

进入新时代，广东实施创新驱动发展战略，有基础也有能力。

广东有现实的基础。数据显示，2017年，广东省研发经费投入持续增长，研发投入强度由2014年的2.4%、2015年的2.5%、2016年的2.58%提高到2017年的2.65%，跨过创新型地区的关键门槛，广东省研发经费支出超过2300亿元，位居全国首位。

广东的研发投入强度连续两年超过2.5%这一国际公认的关键拐点，这意味着广东进入创新经济体行列，为深入实施创新驱动发展战略提供了支撑。

广东有先发的优势。作为改革开放得风气之先的地方，广东GDP连续29年居全国首位，经济社会发展走在全国前列。当前广东已由高速增长阶段转向高质量发展阶段，正处在转变发展方式、优化经济结构、转换增长动力的攻关期，以深化科技创新改革为抓手的破题发展正当其时。

厚积薄发，成果“井喷”。广东省政府通报的2017年广东省知识产权保护状况显示，截至2017年底，广东有效发明专利208502件，同比增长23.8%，连续八年居全国首位，平均每万人口拥有发明专利约19件。从2010年到2017年，广东发明、实用新型专利申请量占比由57%提高到74%，这充分体现出专利含金量在大幅提高，成为经济高质量发展的动力。

以创新和专利作为主要特征的独角兽企业，在广东蓬勃发展。2018年3月23日，科技部火炬中心公布的164家独角兽名单中有19家广东企业上榜，估值接近600亿美元。以奥比中光、小鹏汽车等为代表的科创企业，都有自己的“独门绝技”，专利水平在世界同类企业中竞争力极强。

这场变革，给世界不断带来惊喜。

在深圳优必选公司，2018年1月的CES（美国电子消费展）上首次亮相的双足机器人“Walker”正在积极调试。优必选创始人兼首席执行官周剑对记者说：“双足机器人打破了轮式机器人只能在平地移动的限制，可以上下楼梯，多项技术达到了世界顶尖水平，迈出了人形机器人走进家庭的重要一步。”

目前，全球生产人形机器人的企业只有三四家，尤其是操控人形机器人关节的伺服舵机技术突破更是少之又少。“优必选不仅实现了核心技术——伺服舵机技术自主研发，还做到了商业化落地，大规模量产。”周剑说。优必选打破了国外企业的垄断，把价格降到了几十分之一，而这也成为它快速实现商业化的基础。

在位于广州的迈普再生医学科技有限公司，一台台新型高大的生物3D打印设备为人类细胞赋予“新生”。“目前全球只要涉及生物3D打印技术的公司，都绕不开我们的核心专利。”迈普医学相关负责人介绍。

…………

就在不久之前，广东再次在科技创新上“一掷千金”，出资71亿元设立广东省创新创业基金，重点投向新兴产业前沿科技创新、集成电路创新、重大科技成果产业化等领域。

对标太平洋彼岸的加州——广东也正集聚澎湃的创新动力，筑起一条连接了广州、深圳、东莞，长度约180多公里，总面积超过1.1万平方公里的广深科技创新走廊，目标到2050年建成国际一流的科技产业创新中心，为我国建设成为世界科技强国提供强劲支撑，打造中国版“硅谷”。

沿着这条走廊，面向未来打基础，科技基础设施已经逐步完善。东莞散裂中子源在2017年便已打靶成功获得中子束流。在快循环同步加速器所在的地下环形空间内，所用的各类装置被涂装成红、蓝、黄等颜色，查看每一处设备标牌，都是国内制造商制造。深圳市政府已于2018年3月向科技部、省政府及中科院发文申请E级计算机落户深圳，据悉，2020年这个超算“巨无霸”到位后，深圳云计算中心的计算能力将提升1000倍，为广东数字经济的大发展再添动力。

沿着这条走廊，不少产业也在细分领域实现创新突围，形成集群崛起的“隐形冠军”。在东莞，光是手机行业内，五株科技生产了全世界1/10的手机电路板，中探探针有限公司在探针式连接器领域的全球市场占有率排名第六……在广州，以迈普医学的生物3D打印、冠昊生物的人工角膜等新产品，树立起全国生物医药行业的一个旗帜……

从实施创新驱动发展战略，到促进科技成果转化，再到构建广深科技创新走廊，从应对危机、主动作为到搭建平台，广东正努力解答创新驱动发展的时代方程。

金融造血

支持实体经济更“大”更“强”

2018年4月26日上午，广东文灿压铸股份有限公司（以下简称“文灿股份”）在上海证券交易所主板上市。这家来自佛山市南海区的企业，是全国首个携“三类股东”成功过会的公司。从挂牌新三板到登陆主板市场，文灿股份用了不过三年的时间。这一快速的上市进程背后，是广东浓厚的资本氛围、良好的金融生态环境在作重要支撑。

日前，国务院办公厅发布《关于对于2017年落实有关重大政策措施真抓实干成效明显地方予以督察激励的通报》。其中，包括广东省在内的6个省（市）在营造诚实守信金融生态环境、维护良好金融秩序方面成效较好，获得国务院肯定。

大力发展直接融资，建设多层次资本市场，提速金融科技产业三者的融合，推进经济迈向高质量发展……作为中国传统制造业“重镇”的广东，正借力金融“活水”，着力打造制造业创新中心。截至2017年底，广东境内上市公司568家，新三板挂牌企业1878家，区域股权交易中心（OTC）注册挂牌企业2.97万家。

地处改革开放前沿的广东，一直是我国金融创新的先行者。1985年，我国第一张信用卡在毗邻港澳的珠海发行；1987年，全国第一台自动柜员机在珠海中行首次亮相；1991年，深交所成立……

20年后，广东金融改革创新又接连创下了多个“第一”，如全国第一条民间金融街、第一个省级金融风险监控平台、第一家民营银行暨互联网银行、第一部资金互助社管理办法、第一个民间金融价格指数、第一个跨境金融指数等。

除此之外，目前广东省获批国家级金融改革试验区已达6个，包括：珠江三角洲金融改革创新综合试验区、南沙“开展深化粤港澳台金融合作改革创新”、江门全国小微企业信用体系建设试验区、梅州全国农村信用体系建设试验区、广东自贸区跨境金融等系列金融改革创新、广州花都绿

明阳集团大数据中心

色金融改革创新试验区。

由此可见，昔日的金融改革创新排头兵广东，在建设金融强省的实践和探索中结下累累硕果。然而，站在新时代的新起点上，广东金融发展同样也面临着新的要求和挑战。

一方面，金融服务实体经济尚不到位，制造业、民营企业和中小微企业融资难、融资贵问题较为突出。另一方面，金融业仍然大而不强。如境内上市的金融机构数量少；省属金融机构资产总额较小，地方金融工作缺乏抓手；农合机构更是“散、小、弱”等。此外，珠三角与粤东西北区域金融发展不平衡问题也依然突出。

党的十八大以来，习近平总书记在金融发展方面作出一系列重要论述。从“金融是国家重要的核心竞争力”，“金融活，经济活；金融稳，经济稳”到“为实体经济服务是金融的天职，是金融的宗旨，也是防范金融风险的根本举措”，以及特别强调金融要“回归本源，服从服务于经济社会发展”……习近平总书记多次提及金融的重要作用，明确了金融回归服务实体经济本源的根本宗旨。

过去5年来，广东金融通过强身健体，稳步探索出与自身市场化经济特色相匹配的金融体系。如今，全省金融呈现“创新有效、发展有序、服务有力、风险可控”的良好态势，为广东经济发展提供了有力服务和支撑。

——通过引导金融机构“强实抑虚”，广东省近年来银行同业往来、投资降幅达30%，通道类业务持续收缩，为表内贷款扩张创造了条件，2017年末广东省本外币贷款余额比2016年末增加1.51万亿元。小微企业贷款从2015年起连续三年实现增速、户数、申贷获得率“三个不低于”。

——企业利用多层次资本市场打通融资血脉的动力也更足。2017年，全年新增上市公司98家，创历史最好水平，A股上市公司总数达568家，新三板挂牌企业1878家，区域股权交易中心注册挂牌企业2.97万家，拓宽了实体经济的融资渠道。银税互动，专利权、知识产权、商标权、软件著作权等系列质押产品，农村“两权”抵押试点……一大批金融创新产品，都记录着广东对金融支持实体经济的新探。

——广东利用金融赋能的“技艺”愈发成熟，通过金融引导资源配置，资本的指挥棒精准地瞄准新兴产业。为支持创新驱动发展，广东开展金融科技产业创新融合计划，全省建设科技金融综合服务中心31家、科技支行98家。在全国率先推出15条金融服务创新驱动发展一揽子政策。升级建设广州、佛山、东莞、中山4个市的众创金融街，入驻金融及类金融机构超过400家。此外，还引入建设银行等总行级科技金融中心3家，会同团中央以“省部共建”方式建设全国首个青年大学生创业创新服务平台“中国青创板”，累计实现融资3.43亿元。

——2017年以来，为加大金融服务实体经济的力度，广东省委、省政府印发《关于服务实体经济防控金融风险深化金融改革的实施意见》，多措并举引导金融资金流入实体经济领域，与14家中央金融机构签约授信额度6.4万亿元，“险资入粤”引入资金8008亿元，成立国内最大地方民营投资公司（粤民投）。

——以自贸区为载体，广东也积极推动金融对外开放。截至2017年，自贸区入驻金融类企业7万家，居全国自贸区首位。跨境人民币结算业务金额13.87万亿元。跨境人民币贷款试点汇入贷款金额424亿元。跨境双向人民币资金池累计收付408亿元。全口径跨境融资宏观审慎管理试点累计借款金额11亿美元。

“将现代金融归入产业体系，实际上强调金融是整个国民经济的一部分，与实体经济紧密联系、互相支撑，而不是孤立的、分割的。”中国社科院金融研究所银行研究室主任曾刚认为。

围绕贯彻落实习近平总书记对广东工作“四个走在全国前列”的总体要求，广东重整行装再出发。当前广东正在研究制定未来五年广东金融发展的远景目标，切实增强金融服务实体经济的能力，加快金融改革创新，打造现代金融体系，努力争当金融对外开放合作的排头兵。

当然，金融除了“活”还要“稳”。十九大以来，广东不忘金融服务实体经济的初心，织紧织密风险防控安全网，为广东经济发展保驾护航。以强化金融风险防控为手段，保障地方金融安全稳定。

为保障地方金融安全稳定，广东探索建立省防控金融风险联席会议制度。加快推进组建农村商业银行工作，全省已改制农商行34家。2017年以来，推进涉众型金融领域矛盾纠纷专项治理，开展互联网金融风险专项整治和清理整顿交易场所“回头看”。

切实推动金融业改革创新和对外开放，积极向实体经济“造血输血”，着力防范化解金融风险——只有实现金融业健康有序发展，才能为广东经济社会平稳健康发展提供有力支撑，为广东现代化经济体系建设打下了良好基础。

招才引智

从“孔雀东南飞”到院士下田头

“发展是第一要务，人才是第一资源，创新是第一动力。”习近平总书记参加十三届全国人大一次会议广东代表团审议时的一席话，深刻道出了人才的重要性。

广东对此体会尤深，也尝到甜头。从改革开放初期的“孔雀东南飞”到稍后的“星期六工程师”，都是传诵一时的佳话。如今，站在新时代的新起点上，广东再一次吹响了招才引凤的号角。近半年来，在广东抢得最火的并非房子和车子，而是人才。珠三角城市珠海、惠州、东莞、深圳等全面入局“人才争夺战”，在“送钱”“送房”“送户口”上政策力度之大前所未有。

“自2018年起每年举办一届面向全球的创新创业大赛，每届评选出1支特级优胜团队，并给予1亿元的研发费无偿资助。”2018年5月14日，珠海横琴区管委会使出的“人才大招”，被媒体戏称为“拿命欢迎你”。

而在珠三角东岸的惠州，同样大手笔放出吸引人才大招，数千套“拎包入住”的周转房以极低的租金提供给人才租住，对高级人才更是直接免费赠送高级公寓、别墅。

广汽丰田第三生产线正式投产，具有“集约、智能、卓越”特点

2008年，广州迈普医学董事长袁玉宇从美国回国创业，迄今已走过整整十年。十年来，袁玉宇见证了广东在人才政策方面的重要变革。“以前我回来很多人不理解，很多人认为回来都是混得不好的人。而现在很多很有成就的人回国发展，回来的人越来越多。”

现代化经济体系的建设离不开人才战略的贯彻实施。改革开放以来的广东发展史从根本上来说，也是一部各类人才汇聚广东的奋斗史。

改革开放初期，随着广东“三来一补”产业的蓬勃发展，百万农民洗脚上田、进入工厂。此后几十年，“民工潮”“缺工潮”在广东此起彼伏。

潮水退去，当广东从“世界工厂”华丽转型，“人口红利”也已变成“人才红利”。

截至2017年12月，东莞人才总量突破146万人，超90%受过高等教育，大学生在智能工厂当起高级工人。东莞之变，广东缩影。广东近年推进经济结构调整，带来劳动力结构巨变。2017年至今，广东普工占比下降，技工、技术人员、管理人员占比升至30%。信息传输、计算机和软件业用工增长20%。

在2017年世界技能大赛中，广东21名年轻“工匠”表现突出，一举摘下5金4银2铜2个优胜奖，成为金牌大户。“这个成果绝非偶然，是广东技工教育‘十年磨一剑’的成果。”广东省人社厅解释道，服务制造强省的建设，广东建成了全国最大的技工教育体系。

筑巢引凤，“巢”的作用日益凸显。深圳高新区内，有着多家独角兽企业；“土壤”“生态”“环境”成为独角兽企业创始人口中的高频词……在创新型企业如雨后春笋般涌现的当前，宜居环境是其他各项人才战略规划执行的前提条件。

广州、深圳等一线城市已经意识到这个问题，纷纷大力发展住房租赁市场，为青年才俊来追逐梦想、创业安居进行托底。

人才虹吸，“吸”的能力不断增强。目前广东省专业技术人才和技能人才总量分别达到573万和1115万人，高层次和高技能人才达到73万和329万人，总量均居全国前列。

● 迈普医学科技公司落户中山小榄镇

长期扎根广东的粤商也对广东的吸引力信心十足。网易公司董事局主席兼首席执行官丁磊就道出了“真爱”：接下来计划在广州投资40亿元兴建总部大楼。任正非也喊出：华为总部永远不会离开深圳。

广东还将熬制一剂打造人才高地的“廿四味”。据广东省发展改革委相关负责人介绍：“广东为促进创新人才队伍不断发展壮大，提出了人才管理、培养支持、引才用才、评价激励、人才流动等方面24条改革举措。”

一系列举措的实施，正催生出人才价值得到体现、能力得到发挥、活力得到释放的可喜局面——

如今，广东年轻劳动者已成为创新发展生力军。23岁普宁数控铣技工张志坤，成为我国最年轻国务院特殊津贴专家；揭阳“95后”林春泷从技校毕业便入职中航工业某研究院。广东省技校2018届毕业生招聘会，特斯拉开专场高薪挖人；海尔招聘负责人感叹，智能工厂工人“不打工”，改行“管机器”；广州工贸技师学院院长汤伟群惊呼，“2018届毕业生实习月薪最高达12000元”；广东还出现“30岁博士后”现象，万余名博士后年龄多在30岁左右。

2018年6月，广州改革开放以来最大外商投资项目——台湾富士康8K显示器产业园厂房主体结构将封顶。该项目计划引进1.5万名面板工程师，招聘5万名硕士，研发、生产世界前沿的10.5代8K显示器。

2017年，号称“天下第一村”的深圳南岭村里，原来“三来一补”工业园区上，“1983创意小镇”引入3位“千人计划”专家，研发、生产“新型抗体”，打破国内抗体依赖进口困境。惠州市惠东县鹏昌养殖场，中国工程院院士刘秀梵正在研究能使鸡蛋年产达到2亿枚的新技术，以此改变中国“北蛋南运”格局……来自各行业领域的顶尖专家走农家、进地头，下工厂、到学校，为基层解决了一大批技术攻关、民生发展难题。

这是智慧光芒和科技进步互动交融的生动实践。这是人才事业与广东实践同频共振的雄浑乐章。

随着数以万计的专业人才和一大批创新人才如雨后春笋般集聚，奋力实现“四个走在全国前列”的宏伟蓝图正一步步成为现实！

（2018年6月5日）

奋力实现“四个走在全国前列”深调研

“建设现代化经济体系”调研小组成员

袁佩如　黄倩蔚　李　赫　彭　琳　郭小戈　郭家轩　郜小平　戚莹莹　姚　翀
梁志毅　吴志远

奋力实现“四个走在全国前列”深调研之三

全面对外开放：以更宽广的视野谋划新格局

刚过去的“五一”假期，在有着“改革试管”美誉的深圳蛇口，首家以改革开放为主题的博物馆内，参观的人络绎不绝。从设在集装箱里的指挥部发出“改革开放第一声炮响”，到招商局蛇口工业区艰辛探索出“蛇口模式”，千千万万创业者筚路蓝缕艰难开拓。博物馆记载的改革开放初期那段风雷激荡的峥嵘岁月，至今依然让参观者心潮澎湃。

作为对外开放的“窗口”和“试验田”，四十年来，广东“摸着石头过河”，从农村到城市，从试点到推广，从经济体制改革到全面深化改革，为全国提供了数以千万计的宝贵探索经验。如果说改革是广东的魂，那么开放就是广东的基因，深深地融入广东的血液中，令其始终挺立在时代发展的潮头。

现如今，世界经济形势复杂，逆全球化浪潮兴起，贸易保护主义抬头，中国改革开放的大潮如何再领风骚？求解这一时代之问，不仅是中国在这历史关键转折点下的大国担当，也是“老兵”广东勇涉深水区的改革新传。

博鳌亚洲论坛2018年年会上，习近平主席向世界宣布：“中国开放的大门不会关闭，只会越开越大！”

2018年，在参加十三届全国人大一次会议广东代表团审议时，习近平总书记对广东提出要求，在形成全面开放新格局上走在全国前列，以更宽广的视野、更高的目标要求、更有力的举措推动全面开放。

孟夏之日，万物并秀。和煦的东风，孕育美好希望；开放的强音，激荡奋进力量。

一个试验区的探索

不提当年弄潮勇，更做开放领头羊

2018年5月，广东自贸试验区迎来挂牌三周年不到一个月，广州市发布《建设广州国际航运中心三年行动计划（2018—2020年）》，提出要抓住“一带一路”、交通强国、海洋强国和粤港澳大湾区建设发展机遇，积极推动自由贸易港建设，努力打造高水平对外开放门户枢纽。

无独有偶，《横琴新区与保税区、洪湾、湾仔区域一体化发展规划》进行批前公示，不仅提出要建设成为珠海城市新中心、粤港澳合作平台、大湾区西部发展极，还首度提出推动横琴自贸试验片区与高栏港的联动发展，探索建设自由贸易港。

种种迹象表明，创立三年来，广东自贸区作为全面深化改革和扩大开放“试验田”的作用不但没有削弱，而且在探索开放型经济新体制、建设高水平对外开放门户枢纽、深化粤港澳合作等方面的“冲劲”依旧十足。

三年来，广东自贸区逐步建立与国际通行规则相衔接的投资管理制度，区内负面清单缩减至95项，99%的新设外商投资企业通过备案设立；

打造安全高效的国际化通关服务体系，货物申报上线率达99%，一般货物进出口平均通关时间降低42.6%；建设金融开放试验示范窗口，截至2017年底，区内229家企业办理跨境人民币贷款业务，汇入金额429亿元，企业备案43个人民币资金池。在最新公布的30个“广东自贸区三周年制度创新最佳案例”中，超过一半属全国首创或全国率先。

改革开放四十年，广东从落后的边陲省份变为全国第一经济大省，从荒山秃岭变为现代化的“实践中心”。但广东人始终清楚认识到，从计划走向市场，从封闭走向开放，这一切没有终点。发展水平越高，新老问题和矛盾就越是交织叠加，就越呼唤改革往纵深发展、开放向全面扩展。

作为世界第二经济大国，中国如何向世界展示更加开放的姿态？“排头兵”广东又该如何谋篇布局，续写全面开放的史诗新篇？

四十而不惑，不惑而心定。

站在新的历史转折点上，党的十九大报告给出了明确的方向：推动形成全面开放新格局。

铿锵的话语，给广东再次指明了方向。

改革开放既是广东与生俱来的基因，又是责无旁贷的使命。如何继续当好开路先锋？阻碍发展的各方面体制机制弊端怎样革除？对外开放还有哪些领域尚未打破藩篱？如何将广东建设成为向世界展示践行习近平新时代中国特色社会主义思想的重要“窗口”和“示范区”？“在形成全面开放新格局上走在全国前列”不仅是国家重托和厚望，更是广东以自我革新的勇气和胸怀，跳出条条框框限制的内驱动力。

2017年12月6日，全球瞩目的2017年广州《财富》全球论坛拉开帷幕，数百名来自世界500强的高管云集花城，显现出中国“南大门”的开放姿态。

同时带过来的还有一批高端的“巨无霸”项目，包括年产值将达千亿元的思科（广州）智慧城项目、GE在亚洲布局的首个生物科技园，以及一期总投资610亿元、创下改革开放单项利用外资规模最高纪录的富士康10.5代显示屏项目。

广州，这座拥有“千年商都”基因的城市，正积极建设国际枢纽型网络城市，着力打造全方位对外开放新格局。

广州增城开发区南香山下，富士康第10.5代显示器全生态产业园区落户于此，预计2019年6月试产、9月量产，重点发展工业大数据应用、超高清8K电视、面板自动化（工业机械人）研发等，达产后年产值约920亿元。

富士康科技集团总裁郭台铭说，吸引他的正是“广州效率”——50天从初步达成合作意向到正式签订合作协议，60天从签约到动工。他常引用四个字作为富士康内部教材——“广深高速”，企业发展需要高度、广度、深度，才会有速度。当初广深高速建起后，富士康就依托其沿线发展起来。而今，郭台铭又沿着广深高速到达广州，开始了富士康与广州的新故事。“广深高速实质上是一条高速公路，但也是未来走上制造强国的快车道。”

一家企业的“走出去”故事

不是闷头走世界，更深参与全球化

招商局蛇口集装箱码头上，高耸入云的起重机一字排开，巨大的吊臂起起落落。五颜六色的集装箱齐整地码在堆场上，装卸货物的货车忙碌地来回穿梭。如此秩序井然而又充满现代工业气息的场景，每天24小时不停歇地在这里上演。

作为中国内地最早的中外合资码头，蛇口码头已开通定期国际班轮航线近100条，通达美洲、欧洲、东南亚、北亚、中东、澳洲、非洲等全球180多个港口。

从招商局港口大厦25楼的落地玻璃向海边远眺，“海上世界”明华轮、女娲补天像、南海酒店、时间广场……这些承载着蛇口30多年开放印记的地标符号尽收眼底。“从成立之日起，招商局就带有向外学习、对外开放的基因。”招商局港口控股有限公司副总经理李玉彬说道。

改革开放四十年来，“世界工厂”闻名于世，但广东制造业企业却始终不敢忘记“八亿件衬衫才换一架波音飞机”的血泪过往。随着越来越多广东企业从拼体力、拼汗水向拼知识、拼智慧转变，广东智造的新形象走向世界，依靠“世界科技+广东制造+全球市场”模式，迈入创新发展的新赛道。

在伊戈尔的研发中心内，技术人员在电脑上轻按几下，一份刚调整好的设计方案马上发往4000公里外的日立集团。几分钟后，电脑上显示，“对方已确认”。产品同步下单，生产线里开始新一批订单的生产制作。凭借特种变压器技术质量领先优势，伊戈尔成为这家全球500强日企在海外的唯一外驻工厂。“我们的核心客户基本都是行业前十，或者是世界500强企业。”伊戈尔企业管理部总监廖日云说。

同样在伊戈尔所在的佛山，中南铝车的轮毂走进了美国哈雷、美国北极星、英国凯旋、日本雅马哈等摩托车生产车间，广东星联静密的包装瓶模具长年使用在可口可乐、雀巢等全球600多家知名饮料企业……

互联网时代，以跨境电商、市场采购出口等为代表的贸易新业态新模式蓬勃发展，成为广东外贸增长的强劲新动力。

截至目前，广州南沙保税港区、白云机场综保区已吸引京东、唯品会、天猫、苏宁易购、亚马逊等近100家电商平台，卓志物流、中远国际、顺丰、威时沛运等30多家物流企业入驻，形成了从政策优惠、平台集聚到物流便捷、金融创新完整的跨境电商生态圈。据统计，2017年广东跨境电商进出口441.9亿元，同比增长93.8%，规模居全国首位；市场采购出口815.1亿元，月均增幅达21.1%。

从传统贸易到新型业态，从货物输出到资金输出，在新时代书写“中国版”全球化的背景下，粤企正扮演着越来越重要的角色。

佛山的科达洁能董事长边程推动企业在非洲肯尼亚、加纳、坦桑尼亚、塞内加尔建起4家陶瓷厂后，又将目光投向菲律宾，忙着在那里筹备建设建材产业园区。中集集团位于东莞“灯塔工厂”的产品源源不断地运往国外市场，深圳中集专用车联合体总经理蒋启文表示，“灯塔工厂”正在瞄准未来的增量业务市场，包括全球标准最严苛的欧洲市场。

“一带一路”倡议提出的5年来，广东深度参与建设，发挥了经贸合作中心的作用，在服务国家工作大局中拓展对外开放空间，赢得发展机遇。2018年5月6日国家信息中心发布的《“一带一路”贸易合作大数据报告2018》显示，2017年中国与“一带一路”沿线国家贸易总额中，广东位列全国第一。

招商局港口公司从2008年起已经加紧布局海外战略。李玉彬说，蛇口从渔村、港口、工业区，最后向城市拓展，已经探索形成了独特的“前港—中区—后城”商业发展模式——通过建设港口、工业区，再围绕和依托港口、工业区发展城市，使其具备吸引投资的环境，从而解决当地的基础设施问题、金融服务以及人才等软环境的问题，最终实现互利共赢。如今这一模式正乘着“一带一路”倡议的东风，努力实现全球化复制，十年间遍布六大洲，18个国家。

正是一家家这样勇于开拓、积极“走出去”的企业，在广东这片开放热土上不断地孕育、发展，又不断升级转型，昂首阔步走向更加广阔的国际舞台，在连接世界的过程中，形成了广东的开放精神和国际化情怀。

一个发展生态的升维

不但更多引进来，更要深深扎下根

2018年5月17日，2018中国（广东）—美国投资合作交流会在广州举行。苹果公司、百威英博、埃克森美孚化工、IBM、玛氏集团、高通等美国世界500强及多家全球行业龙头齐聚一堂，共寻在粤投资新商机。

“广东是美国企业到中国投资的最重要目的地。”美国全国商会常务副会长兼国际事务总裁薄迈伦在交流会上透露，华南美国商会发布的《2018年中国营商环境白皮书》和《2018年华南地区经济情况特别报告》显示，广东营商环境广受好评，其中广州营商成本较低，成为中国最受欢迎的外商投资目的地。

截至2017年底，广东省累计实际引进外资金额1413亿美元，约占全国的1/4。2018年第一季度，广东省新设外商直接投资项目9543个，增长245%。

● 广州南沙保税港区设立

“广东正为中国在全球化新形势下形成全面开放新格局探路。”商务部研究院原院长、中国世界贸易组织研究会副会长霍建国评价说。广东有望率先实现制造业出口结构升级，率先突破服务业开放，率先打造国际一流的营商环境。

作为一个城市对外开放的窗口，机场往往是外来旅客对城市留下的第一印象。

2018年4月26日，国内最大的单体航站楼——广州白云国际机场T2航站楼正式投入使用。新航站楼内，上百台科技感十足的自助值机设备和自助行李托运设备一字排开，自助值机托运、智能机器人安检、智能“秒通关”、VR、无人机、视频智能分析等新科技广泛应用，现代化的设计、更直观的流程，为进出境旅客带来了全新感受。经常乘坐飞机出行的旅客王先生说道：“我去过很多国际机场，T2绝对可以算得上世界级。”

借此东风，2018年广州白云机场年旅客吞吐量有望突破7000万人次大关。此外珠三角还有深圳宝安机场、珠三角新干线机场、珠海金湾机场、惠州平潭机场等4个机场，粤东西北打造揭阳潮汕机场、湛江机场、梅县

机场、韶关机场4个机场，由此形成的“5+4”骨干机场格局将与国内其他城市，东北亚、东南亚、南亚主要城市形成“4小时航空圈”，与全球主要城市间实现12小时通达，为广东架设起一条条经济快速发展的空中之路。

“硬件”升级，“软件”环境也需要持续优化。当国际资源要素被引进来，如何才能更好地留下来、用得好？

广东省政协新近发布的一份调研报告指出，广东省营商环境离党的十九大报告提出的“市场对资源配置起决定性作用”的目标仍有较大差距，“一些已经取消的行政审批事项，上放下不放，明放暗不放”，部分扶持性政策在落实中仍存在“最后一公里”实施困难的情况。

近年来，广东一直大力开展营商环境改革试点。通过大幅放宽市场准入、简化外商投资企业设立、变更备案程序、清理废除妨碍统一市场和公平竞争的各种规定和做法、全面推行公平竞争审查制度、加强知识产权保护等多种举措，加快营造市场化、国际化、法治化的营商环境。

2017年8月至今，广东密集推出“实体经济十条”“外资十条”等多项重塑营商环境新优势的重大举措。仅2017年，各类新政为实体经济企业降低2600多亿元成本，放宽了外资企业投资准入，突破了重点行业投资股比限制。市场吸引力进一步提升，截至2017年底，广东省注册市场主体突破“千万”大关。

开放的“土壤”正加速吸纳全球“养分”，种出创新“大树”。广东以色列理工学院北校区2017年9月迎来首批新生入学，南校区2018年将启动建设。这是我国第一所引进以色列优质高等教育资源的具有独立法人资格的中外合作大学。

“广东是宝洁在中国最重要的投资目的地，我们在中国的销售业务有一半来自广东。”宝洁公司大中华区董事长兼总裁马睿思说。宝洁公司将把创新中心带到中国和广东，实现“服务中国、广东创造”。

2018年3月，位于东莞的我国重大科技基础设施中国散裂中子源完成了全部工程建设。“设备国产化率超过了96%。”中国散裂中子源工程总指挥陈和生说。

“经济增长不能只关注数量变化，还要更多考虑质量。”硅谷银行亚洲总裁、浦发硅谷银行行长蒋德指出，强化知识产权保护，让创新人才安居乐业是广东优化营商环境的重中之重。“年轻的创业者往往拥有一个年轻家庭，广东要建立更加完善便利的教育、医疗、保险、户籍体系，让全球人才变成本地人才。”

阿里云全国工业云总部和研发中心也花落广州。阿里巴巴副总裁、阿里云总裁胡晓明说：“广东最核心的优势是开放和创新。未来5—10年，我们将深度融入广东，把人才培养作为核心，让最好的技术在广东落地。”

“2018年我们还将大胆推动措施实施，争取在先进制造业、现代服务业和总部经济等重点行业领域利用外资取得突破。”省商务厅厅长郑建荣表示。

一盘棋的优化

不仅自身更开放，更要辐射带全国

“最富的在广东，最穷的也在广东。”这曾经是广东区域发展不协调的真实写照。广东全省21个地级市中，粤东西北12市面积占广东省七成、人口约占五成，但经济总量仅占三成左右。

为破解这一局面，早在2013年，广东将振兴粤东西北上升为全省战略，交通基础设施建设、产业园区提质增效、中心城区扩容提质三大抓手齐头并进；2016年又进一步提出要大力推动珠三角与粤东西北产业共建，坚持全省一盘棋，推进珠三角优化和粤东西北振兴同步发展；2018年1月召开的省委十二届三次全会明确提出，把东西两翼沿海地区打造成广东新的增长极。

经济发展，交通先行。在各种重大基础设施项目“加持”下，广东省内高快速铁路骨架网络加快形成。

粤西将进入高铁时代。随着深湛铁路江门至湛江段进入联调联试阶段，深湛铁路通车进入倒计时。该铁路6月底通车后，湛江、茂名、阳江三市将结束没有高铁的历史，广州至湛江的铁路运行时间将由现在的8小时缩短至3小时左右。

粤东与珠三角的联系将更加紧密。2017年7月，规划时速350公里的广汕（广州—汕尾）铁路在广州、惠州、汕尾三地同步开工，该铁路还将进一步延伸至汕头。延伸段建成后，广州到汕头的时间将缩短至1小时30分钟。

串联东西两翼，区域协同发展加速。2017年底，汕湛高速粤西段——云（浮）湛（江）高速一期正式通车，一条强劲的“大动脉”横贯粤西大地，连通云浮、阳江、茂名和湛江4市。汕湛高速全线贯通后，将成为东西“两极”之间的重要通道以及广东省中心城市与区域中心城市主通道的“复线”，更把两翼沿海城市与粤北山区相连，形成“山海联动”之势。

随着高速交通网的铺设，粤东西北地区与广州、深圳等城市联系更加

深圳三艘游艇实现首航香港

紧密，同时也成为珠三角城市出粤的主要通道。空间上的“联通”必定带动经济的“联动”，交通大会战背后的更深层次逻辑，是推进珠三角地区和粤东西北地区的产业共建。

深圳比亚迪宣布斥资560亿元，将其首个跨座式单轨产业项目“落子”汕头；深圳中兴通讯在河源的生产研发培训基地，一期工程已启动投产；佛山与云浮共建氢能产业园，在全国率先实现氢能商业化，首批氢能城市公交车已投入运营……如今，一波高端先进项目正加速向粤东西北集结，粤东西北的发展“嫁接”到了更高的起点，而区域的协调发展，也为广东经济注入了新的动能。

站在新的起点，广东开启新征程，要提高站位：既面向全国，充分发挥广东对泛珠三角区域乃至全国的辐射带动作用；更面向世界，深度参与“一带一路”建设，加强创新能力开放合作，在形成陆海内外联动、东西双向互济的开放格局上率先取得突破。

如今，以广州、深圳为核心，东联海峡西岸，沟通长三角地区，西通桂黔，辐射大西南地区，北达湘赣，连接中原地区，南接港澳的高快速铁路网络骨架基本形成，广东对泛珠三角地区乃至全国的辐射和带动作用不断凸显，经济活力加速释放。

2016年，由广东倡导发起的泛珠三角区域合作上升为国家战略。国务院印发《关于深化泛珠三角区域合作的指导意见》，赋予泛珠三角区域合作五大战略定位。意见指出，深化泛珠三角区域合作，有利于统筹东中西协调联动发展，有利于更好融入“一带一路”建设、长江经济带发展，有利于深化内地与港澳更紧密合作。

至此，粤港澳、粤闽、粤桂琼等海洋经济合作圈基本建成；以粤港澳大湾区为龙头，以珠江—西江经济带为腹地，带动中南、西南地区发展，辐射东南亚、南亚的经济发展格局基本形成。

2018年4月，海南迎来建省办特区30周年，党中央决定支持海南全岛建设自由贸易试验区，支持海南逐步探索、稳步推进中国特色自由贸易港建设。作为和海南一衣带水的邻居——湛江，下一步将借力海南自由贸易试验区，与海南实现“错位发展、优势互补”，打造广东对接海南的桥头堡。

2018年5月，广东、广西、海南三省（区）政府在海口签署《2018—2019年推进〈北部湾城市群发展规划〉实施合作重点工作》协议。协议提出，2018—2019年三省（区）将重点推进5个方面工作，其中特别提出，加强沟通对接，积极推进北部湾城市群对接粤港澳大湾区。

同样是在5月，首届全国东西部扶贫协作贫困村创业致富带头人示范培训班在佛山南海开班，来自四川、云南、西藏、甘肃、青海、新疆、贵州、江西8省（区）的59名创业致富带头人来到广东学习创业经验。江西省石城县“养鸡大户”赖宝林高兴地说，此次广东之行不仅对接到更多的企业资源，而且开阔了眼界，学到了最新的前沿技术和开放理念。

诸如此类的东西部扶贫协作探索案例还有很多。截至2017年10月，广东已选派149人组成6个扶贫协作工作组派驻被帮扶地区，与广西、贵州、云南、四川4省（区）14个市（州）的93个县结对开展携手奔小康行动。

一个湾区的融荣

不只文化地缘亲，更深融合写新篇

2017年7月1日，维多利亚港的夜空，烟花在细雨中璀璨绽放。五星红旗、香港特别行政区区旗和庆祝香港回归祖国20周年的标语随风飘扬，到处洋溢着一股喜庆的气氛。

在这富有纪念意义的日子里，习近平主席见证了国家发展改革委与广东、香港、澳门共同签署《深化粤港澳合作 推进大湾区建设框架协议》。

“要抓住建设粤港澳大湾区重大机遇，携手港澳加快推进相关工作，打造国际一流湾区和世界级城市群！”2018年3月7日，习近平总书记的话语掷地有声，饱含对粤港澳三地的殷切期望。

抚今忆昔，才知岁序移。

广州海关隶属天河车站海关关员欧阳亮至今记得，1997年7月1日从香港九龙车站发出的“回归首列”Z6次列车抵达广州东站时的场景。如今口岸进出列车和监管量翻了几番，但旅客通关却越来越顺畅。广九直通车自1979年恢复开行以来，进出境旅客量已突破8000万人次，成为联系粤港人员的亲情线和经贸往来的大动脉。

二十年弹指一挥间，这种一衣带水的密切合作已渗透每一个领域。CEPA服务贸易协议的实施及进一步深化，为内地与香港经贸合作提供了重要保障。

金融领域“你中有我”，深港通正式开通，首家港资控股基金管理公司落户广东自贸试验区，汇丰、东亚、恒生等7家香港银行已在粤设立65家异地支行。法律、建筑、医疗等专业服务领域遍地开花，广东省粤港合伙联营律师事务所达11家，港资医疗机构38家，涵盖医院、门诊部、诊所、独立医学检验所等多种类别。

如今《粤港澳大湾区发展规划纲要》颁布在即，世界级湾区的共同愿景令人振奋，而远超旧金山湾区与纽约湾区持平的10万亿元庞大经济总量，更是令人充满期盼。

● 南沙保税港区第一票货物正式入区运作

近年来，粤港澳大湾区总体经济增速一直保持在7%以上，高于全国平均增速。其中，珠三角地区生产总值7.58万亿元，增长7.9%，香港、深圳和广州GDP均突破2万亿元。广州、深圳、珠海、佛山、惠州、东莞、中山、香港、澳门的人均地区生产总值已达到发达国家水平。

但冷静地思考过后，我们要看到，粤港澳大湾区与之相匹配的是5.65万平方公里的超大土地面积，远超东京湾区与纽约湾区的面积之和。从常住人口数量来看，粤港澳大湾区7000万的人口已超过三大湾区中的任意一个。而这两大指标带来的结果是，与旧金山湾区人均GDP已超过11万美元、纽约湾区和东京湾区均超过4万美元相比，粤港澳大湾区人均GDP仅为2万美元左右，不及旧金山湾区的20%，经济密度只有三大湾区的46%。更别说在世界500强企业与世界百强大学两项排名中，粤港澳大湾区依然落后，在全球经济控制力和话语权等方面也有明显不足。

推进粤港澳大湾区建设，就必须坚持全球视野和战略思维，主动对标国际一流。要积极利用已形成的规模优势，进一步补齐短板，努力打造世界领先的综合交通枢纽、国际航运中心、贸易中心、金融中心和国际科技创新中心。

● 自贸改革试验和制度创新持续领先全国，促使前海蛇口自贸片区经济密度居全国自贸区榜首

2018年2月6日，港珠澳大桥完成交工验收。第一次在飞机上俯瞰港珠澳大桥时，在旧金山生活多年的IDG资本全球董事长熊晓鸽发出惊叹："旧金山湾区有5座大桥，但长度加起来还不到港珠澳大桥的一半。粤港澳大湾区是一个了不起的战略，未来十年注定成为全球关注的焦点。"

2018年4月1日，广深港高铁香港段正式试运营。"一地两检"通关安排已经全国人大常委会正式批准。香港特区行政长官林郑月娥表示，广深港高铁香港段目前工程已经完成了98%，有望在2018年第三季度通车。她说，香港社会普遍认同在西九龙站实施"一地两检"是广深港高铁发挥最大运输、经济和社会效益的方案。

如今，世界级港口群、机场群，区域内密集高铁和高速公路网已见雏形，大湾区内已形成"1—2小时"生活圈，5小时可飞达全球半数城市，一张紧密、快捷的交通网将有利于湾区的对内对外连接。

2017年1月3日，香港特区政府与深圳市政府签署《关于港深推进落马洲河套地区共同发展的合作备忘录》。时任香港特区行政长官梁振英表示，两地会在占地87公顷的河套地区共同发展"港深创新及科技园"，建立重点创科研究合作基地，以及相关高等教育、文化创意及其他配套设施，吸引港深两地及国内外顶尖企业、高等院校和研发机构进驻，为两地创科事业提供前所未有的发展空间及机遇。

位于广州南沙的香港科技大学霍英东研究院，目前全球运算速度最快、信息处理能力最强的国家超级计算广州中心的“南沙分中心”就设在这里。除了承载香港科研的超级计算机工作，该中心还成为全国首个联通内地与香港两地大数据采集、分析、服务的领先平台，为两地科研发展和成果转化提供数据支撑。

2017年6月，24名在港中国科学院院士、中国工程院院士给习近平总书记写信，表达了报效祖国的迫切愿望和发展创新科技的巨大热情。习近平对此高度重视，作出重要指示并迅速部署相关工作。他强调，促进香港同内地加强科技合作，支持香港成为国际创新科技中心，支持香港科技界为建设科技强国、为实现中华民族伟大复兴贡献力量。

以粤港澳大湾区建设为机遇，广东正推动更大范围、更深层次、更高水平的对外开放。

广东省社科院发布的《粤港澳大湾区建设报告2018》指出，从已经建设形成的岛屿之间与内陆之间连接的现代化海陆空立体交通网络、进出口码头和“9+2”超大城市群之间产业分工的生产力空间布局来看，粤港澳大湾区正朝着高度开放、创新引领、宜居宜业、区域协同的方向发展，已显露出世界一流超大城市群和国际自由贸易港的雏形。

在中央的强有力统筹领导下，广东和港澳必将充分发挥“一国两制”的独特制度优势，将各自特色优势有机结合，加强粤港澳大湾区“9+2”城市间的紧密合作，共同打造中国“引进来”和“走出去”双向投资重要平台，携手迈上新台阶，实现共同发展繁荣！

（2018年6月6日）

奋力实现“四个走在全国前列”深调研

“形成全面开放新格局”调研小组成员

吴　哲　谢苗枫　陶明霞　陈　晓　魏　楠　彭奕菲　毕嘉琪　何静文

奋力实现"四个走在全国前列"深调研之四

社会治理格局：走出共建共治共享新路

不久前，一篇名为《叙利亚，一个被战争蹂躏了七年的国家》的图文作品在国内外广为流传，刺痛了人们的心。

近年来，世界呈现乱局：美国次贷危机后，西方民粹主义乱象进一步蔓延扩散，美国领袖以"反建制派"自居，欧洲频发英国"脱欧"等"黑天鹅"事件，社会抗议运动此起彼伏；一些照搬西方制度模式的发展中国家经济发展陷入困境，阿根廷、委内瑞拉等国爆发严重的街头运动；中东多国陷入失序状态，叙利亚等国至今还深陷战火之中；恐怖袭击频仍，网络安全、金融安全、生态安全、健康安全挑战越发严峻……这让各国精英开始反思治国之道。

与此同时，中国生机勃勃、安全有序，成为当今世界的一个“稳定岛”。

西方政界和学界近来一直在苦苦思索“中国成功之谜”：是什么让中国在成功地实现经济现代化转型的同时，保持社会秩序的基本稳定？

“中国遇到的挑战，从规模来看，从复杂程度来看，都是人类历史上从未经历过的。”外国学者这样感叹，从治理的难度来说，改革开放四十年里，中国走过了西方资本主义国家几百年的发展历程，经济社会结构在短时间内急剧变革，现代化、后现代化的治理难题交织存在；土地面积与整个欧洲相当，人口全球第一，经历着全世界最大规模的人口脱贫，人数最多、最为频繁的社会人口流动和最深刻的社会结构变化……

走进新时代，党的十九大报告关于“打造共建共治共享的社会治理格局”的论述，总结并提升了中国共产党治国理政的经验。

2018年3月7日，在参加十三届全国人大一次会议广东代表团审议时，习近平总书记要求广东在营造共建共治共享社会治理格局上走在全国前列，并强调要形成有效的社会治理、良好的社会秩序，促进社会公平正义，让人民群众安居乐业，获得感、幸福感、安全感更加充实、更有保障、更可持续。

这是国家最高领导人赋予广东这一改革最前沿省份的新使命。

广东是中国人口最多的省份，常住人口是英国的1.7倍，各种利益多元、复杂；来自国内外的流动人口众多，逾4000万人，治理充满挑战；位于改革开放的最前沿，多种思想交汇；经济快速发展，经济活动高度频繁，2017年经济总量超过俄罗斯全国，各种社会矛盾凸显；经过四十年的改革变迁，社会结构发生深刻的调整……治理难题之大与成效之显著，决定了广东经验对国内甚至全球都具有重要意义。

沿着习总书记指引的方向，党的十九大以来，特别是总书记对广东提出“四个走在全国前列”的要求以来，在广东省委的领导下，广东正细致地搭建、完善共建共治共享社会治理格局，布局新征程。这千头万绪的“立体”性探索正在南粤大地展开。

一场扫黑除恶的硬仗

打击之手不放松，同时构建越来越密的“隐身”安全防护网

当看到恐怖分子驾车在英国、法国街头，冲撞人群肆意碾压的画面，听到恐怖分子在印尼第二大城市制造连环爆炸案的消息，观看到枪手拿着疑似霰弹枪走进美国得克萨斯州一所中学开枪扫射的视频的时候，人们发出感慨：平安是福。

社会和谐稳定、国家长治久安是人民幸福安康的前提。中国共产党始终将其作为治国理政的头等大事来抓。

改革开放四十年来，广东交出了一份令人满意的答卷，但威胁社会治安的新情况又来考验：近年来，以地域、宗亲或血缘为纽带形成的农村黑恶势力团伙有所增多；珠三角地区一些帮派势力聚集在城中村、城郊接合部寻衅滋事、欺行霸市，破坏治安秩序，还有黑社会性质组织内地人员到境外赌博、敲诈勒索、暴力“追数”；粤东粤西地区，有“黑村官”和宗族恶势力干扰农村基层选举、把持农村基层政权，并交织着黑、枪、毒等违法犯罪活动；在粤北，有涉黑涉恶违法犯罪团伙垄断矿产河砂开采、工程建设等领域……

为人民安居乐业、社会安定有序、国家长治久安护航，2018年新年伊始，中共中央、国务院发出《关于开展扫黑除恶专项斗争的通知》，决定在全国开展扫黑除恶专项斗争。

中央有部署，广东有行动。2018年以来，省委书记李希在多次会议上强调，要坚决打赢扫黑除恶专项斗争攻坚仗，努力把广东建设成为全国最安全稳定、最公平公正、法治环境最好的地区。

除恶务尽！打击这一手仍不能放松。不久前，广东又传来捷报：“飓风1号”“飓风2号”追逃专案收网行动成功抓获在逃人员638名，其中包括不少潜藏多年的涉黑逃犯。这是广东公安开展扫黑除恶专项斗争以来取得的一次重大战果，打响了“飓风2018”行动的首场战役。

严打严惩，对突出违法犯罪决不手软，是筑牢“平安广东”的基石。打击犯罪，必须坚持问题导向，着力解决人民群众反映的突出问题。“什么犯

罪突出，就打击什么。”正在深入展开的“飓风2018”专项行动，重点打击整治涉枪涉爆、电信网络诈骗、盗抢等多发性侵财犯罪，以及涉黄赌和食药环犯罪。打源头、断链条、摧网络，深挖幕后“保护伞”，打击关口前移，力度加大，有效筑牢了社会安全的堤坝。

“为之于未有，治之于未乱。”构建一个平安有序的社会环境贵在打防结合、标本兼治。社会面治安防控网、重点行业治安防控网、乡镇和村治安防控网……在共建共治共享思想的指导下，2018年以来，立体化社会治安防控体系正在加快建立，越来越多“隐身”的安全防护网给广大群众提供了全方位、多层次的安全防护。

2018年春节期间的一天，广州各区的花市人山人海，一片祥和欢乐，此时，海珠区警方视频监控中心发出预警，发现有疑似在逃人员出现在海珠花市，现场指挥部立即指令花市上岗警力组织查缉。羊城突击队海珠分队迅速到位，三组警力展开地毯式搜索。半小时后，在花市堑口码头区域发现一名疑似嫌疑男子。民警通过移动警务终端人像大数据比对，发现该嫌疑男子就是涉嫌非法经营在逃人员，并立即对其进行了抓捕。

为了构筑安全防护网，广东充分发挥现代科技优势，推进大数据、信息化建设，深入推进“雪亮工程”，建立完善犯罪人员数据库、指纹数据库、大情报信息平台、视频监控、视频门禁系统等，实现从以户籍管理为主的静态管理模式向以实有人口、实有房屋为对象的动态管理模式转变。

前有视频监控发现街面问题，后有指挥中心快速处置警情，还有海量数据库和大数据警情分析，民警上街巡逻只要使用手机“一嘀”，立马可以辨别可疑人员……社会治理的智能化水平明显提升。

安全要靠党委政府，也要靠社会共筹。

广州的“红马甲”协助维护秩序、帮扶救助，随处可见；白云区“快递小哥”参与毒品犯罪线索举报，协助警方屡破毒品案件；“平安如意骑行队”让平安志愿活动随处可见……人民群众共同参与平安建设，既让社会更安全，也让城市更温馨。日前，广州推出“广州街坊”群防共治计划，将用3年时间打造一支拥有80万人的群防共治队伍，平安建设的社会参与度越来越高。这正是广东“众筹安全”的一个缩影。

广东公安公布的最新数据显示，今年前4月，广东省刑事案件立案数同比下降12.4%，刑拘、逮捕犯罪嫌疑人分别同比上升16.1%和13%，群众安全感和满意度不断提升。

当然，广东面临的治理难题、面临的时代挑战，仍然艰巨复杂，各类犯罪活动仍然活跃多发。平安建设永远在路上，仍须众志成城。

两个“世仇村”的握手

在党委的领导下，加快形成社会治理人人参与、人人尽责的良好局面

日前，广东揭阳普宁市果陇村和北山村，这两个因为世仇两百多年不相往来，更互不通婚的村子一笑泯恩仇。而这正是在基层党组织的领导下，乡贤推动、村委引导、福利会实施的结果。

长治久安，关键在基层；安全稳定，重心在基层。

北山村和果陇村一笑泯恩仇，推动化解矛盾的两村乡贤代表接受记者采访

为回答“中国何以稳定”的秘密，哈佛大学政治学博士、香港大学副教授阎小骏选择到中国的基层寻找答案，深入华北、中南和华南基层进行大量田野调查研究，并推出了《中国何以稳定：来自田野的观察与思考》，引发西方学界关注。

四十年的改革开放，特别是随着市场化、工业化、城市化、信息化及全球化的深入发展，广东城乡基层的经济、社会结构以及人们的思想观念、行为方式正发生深刻改变，对基层治理提出挑战。

习近平总书记在参加十三届全国人大一次会议广东代表团审议时强调，要创新社会治理体制，把资源、服务、管理放到基层，把基层治理同基层党建结合起来，拓展外来人口参与社会治理途径和方式，加快形成社会治理人人参与、人人尽责的良好局面。

较强的独立性、自主性、流动性，是现代城市人的普遍特征，也是现代城市治理中最需要破解的治理难题。

广东的流动人口众多，逾4000万人。

四十年的“孔雀东南飞”为广东注入了强大的发展活力与动力，也倒逼着广东做好每个阶段的“筑巢引凤”工作。

2018年2月，广东省政府印发的《广东省人口发展规划（2017—2030年）》分析，目前广东流动人口规模增速放缓，其中跨省流入人口所占比重也在下降。

继续吸引人才，享受人口红利，建设人才洼地，一要靠广东机遇，二要靠软环境。这份《广东省人口发展规划（2017—2030年）》，要求进一步完善流动人口的权益保障机制、社会保障体系和公共服务网络；全面实施居住证制度，推进居住证制度覆盖全部未落户城镇常住人口，保障居住证持有人享有国家和省规定的各项基本公共服务和办事便利；鼓励各地根据当地实际不断优化服务措施，逐步扩大提供公共服务和便利的范围并提高服务标准，推进实现基本公共服务均等化……

目前广东正在进行城市户口迁移政策的差别化调整，全面放开建制镇和小城市落户限制，有序放开部分地级市落户限制，逐步调整珠三角部分城市入户政策，取消了城区常住人口300万以下城市的积分落户政策，放宽入户门槛。

在超大城市——深圳，取消入户指标、学历等各项限制后，只要综合积分达到人才引进入户分值，均可申办人才引进入户。“不管你是谁，只要够努力，就有机会入户。”大专毕业后就在深从事汽车维修工作的王亮，就在上个月拿到了深圳户口。

2017年年底以来，广东各地市推动非户籍人口在城市落户实施方案密集发布。2018年初，中山、东莞先后取消积分入户制度，放宽入户条件，推动非户籍人口落户。

真正的融入有赖于公共服务的均等化。

在外来人员最关心的教育问题上，珠三角9市制定了随迁子女积分制入读公办学校管理办法；在同样重要的医疗问题上，广东省21个地市已全部接入国家异地就医结算系统，顺利实现直接结算；在就业问题上，广东省每年组织开展“春风行动”“南粤春暖”等系列活动，帮外来人员寻找人生的发力点……

2018年4月，广东的另一个超大城市——广州出台《来穗人员积分制服务管理规定（试行）》及实施细则。“个人条件和社会贡献情况将换算成积分并与公共服务挂钩，从而达到提升服务管理水平、促进来穗人员市民化、保障来穗人员合法权益的目的。”广州市来穗人员服务管理局服务促进处处长陈超说。

社区是城市的细胞。广东正在以社区为基本单元，探索营造共建共治共享社会治理格局，通过把社区成员参与社区建设和治理的积极性调动起来，进一步拓展包括外来人口在内，所有居民融入社区的途径和方式。

每5个人里，就有3个是外来人员……广州三元里曾因为人员复杂、素质参差不齐、城市归属感淡漠，产生和积累了不少社会问题。但如今，由社区户籍居民、外来人员、街道工作人员共同组成的“共治议事会”，也让三元里的“乱”因外来人员而改变。

从陌生人到想做主人，再到真正成为主人，外来人员在城市中角色的转变，恰是他们深度融入城市、参与城市治理的心理起点。而外来人员融入城市，共建共治共享的奋斗史，也正是他们每个人寻求自己的“中国梦”的

北山村和果陇村两村代表缔结友好乡村的祭拜仪式

“追梦记”。

改革开放四十年来，广东的农村也发生着剧变。随着劳动力大量涌入城市，农村空心化问题突出，农村人口结构一度被称为“3861部队”。随之而来的，还有农村教育、医卫、乡风等一系列问题。

南雄市珠玑镇角湾村是其中之一。村支书郭文良2008年回村任职时，村里的景象是：青年大多外出、遍地破旧的土砖瓦房、杂草丛生……

问题在于农村治理的缺位。

营造共建共治共享社会治理格局，必须不断完善农村治理体制，完善基层党建，把基层治理与基层党建结合起来。2018年4月26日，广东全省乡村振兴工作会议召开，明确提出，今后5年要按照省市县统筹选派、统筹管理、统筹使用原则，每年选派约1000名优秀党员干部到全省贫困村、软弱涣散村、集体经济薄弱村担任党组织第一书记。

韶关南雄，基层党组织进一步下移。全市68个省定贫困村有46个符合条件，成立了党总支，全市1742个自然村中有697个成立了党支部或党小组。同时，自然村设立党群理事会。

潮州，基层党建注重选好"领头羊"。在潮安区归湖镇狮峰村，李统伟是公认的发展能手，上任村支书仅4年，带领村民告别脏乱差，全力建设新农村。有着51年党龄的蔡建英老人竖起大拇指说："村里选了个好支书！"

…………

走进南粤乡村，无论是正在兴起的乡村振兴热，还是脱贫攻坚战，基层党组织已成为凝聚各方力量的坚强堡垒，奏起了共建共治共享的乐章。

完善基层治理，广东也在不断加大投入力度，把资源、服务、管理进一步倾向基层。

清远的基层党组织建设、公共服务、村民自治"三个重心下移"和农村土地资源、涉农财政资金、涉农服务平台"三个整合"工作的探索和经验，得到国家层面的关注和肯定，正被广泛运用到基层治理实践。

同时，广东各地积极探索农村基层治理创新，通过建立村民理事会等举措，广泛凝聚群众、乡贤等正能量，让乡村治理融入法治、德治、智治的力量。

不断完善的基层治理体系，让南粤乡村涌现新风貌。

乡村矛盾被化解。潮州市湘桥区桥东街道社光村，整治"六乱"需要拆除大量违建，村干部带头拆除，村老人会成员挨家做工作，化解群众矛盾，终于拆除危房4处200多平方米、猪舍300多个、牛棚6处190多平方米。

新农村建设更有保障。梅州市蕉岭县三圳镇九岭村，村党支部、村委会、村民理事会凝聚各方力量，合力共建新农村，如今数百亩荷花含苞待放，乡村游日渐火爆。

农村发展更有希望。南雄市珠玑镇古田村，打破了1400余亩旱地的田垄界限，将其集中改造成水田。村民以土地入股，一个集循环农业、创意农业、农事体验于一体的田园综合体已初具规模。2016年至今，广东省累计117万相对贫困人口达到当年脱贫标准。

"村中大事，如建桥、修路、文化设施、土地集中流转等，实行'村党组织提事，村民理事会议事，村民代表大会决事，村委会执事'的决策机

● 北山村和果陇村互赠“睦邻友善”牌匾

制，确保新农村建设和发展稳定高效。”广东省委农办相关负责人表示。广东围绕建立健全党委领导、政府负责、社会协同、公众参与、法治保障的现代乡村治理体制，坚持问题导向、标本兼治、因地制宜、分类施策，以加强农村基层党建为引领，把夯实基层基础作为固本之策，积极探索构建自治、法治、德治相结合的乡村治理体系，取得明显成效。

一份来自前海的问卷调查

公平公正的法治环境成为营商强力磁场

2018年5月16日，广东省法官、检察官惩戒委员会正式成立，负责从专业的角度，对法官、检察官是否违反审判、检察职责进行审查认定并出具意见。

党的十八届三中全会启动的司法体制改革，“让审判者裁判，由裁判者负责”，着力构建防止司法干预的“防火墙”。然而，当主审法官、主任检察官自主权扩大之后，谁来监督他们？惩戒委员会的设立，为司法权再加上一道监督网，落实“让人民群众在每一个司法案件中都感受到公平正义”的要求更有保障。

“要坚持在法治轨道上统筹社会力量、平衡社会利益、调节社会关系、规范社会行为、化解社会矛盾，以良法促发展、保善治，让人民群众在每一个司法案件中感受到公平正义，使尊法学法守法用法成为广大人民群众的共同追求，确保社会在深刻变革中既生机勃勃又井然有序。”习近平总书记参加广东代表团审议时强调。

法学界有一种观点认为，法律是人类最大的发明。别的发明使人类学会了如何驾驭自然，而法律使人类学会如何驾驭自己。

法治与权力、法治与治理、法治与社会、法治与公正……在推进治国理政的过程中，以法治来统领，又何尝不是一次现代化进程中的自我驾驭、自我超越、自我提升？

2018年以来，国内多个省市面向全球打起了人才争夺战。有外媒称，中国的人才争夺战攻势太强，令人惊叹！

其实，这样的争夺战，广东已经打了多场，不仅争人才，还面向全球争资源、争技术、争资金，全面融入全球竞争。

竞争靠什么？国内外经验都表明，一个国家、一个地区、一个城市，法治化程度的高低，直接影响核心竞争力的强弱。法治，这一招，将是广东打造全球化体系下开放型经济体系，提升国际分工地位的重要抓手。

世界500强投资设立企业335家，片区注册资金10亿元以上的企业1047家，实缴资本100亿元以上的5家……这份来自深圳前海的成绩单，也证明法治环境越来越成为国际企业投资时的重要考量。前海管理局此前委托相关机构进行问卷调查的结果显示，75.29%的企业表示，投资前海，最看重其公平公正的法治环境。

正是公平公正的法治环境持续地吸引“孔雀东南飞”：广东成为中国人口第一大省、高新技术企业全国第一大省、境外专家全国第一大省……

作为治理体系和治理理念的法治，既是对改革开放以来成果的捍卫，又是开启新一轮改革开放的制度基石；既是国家长治久安的根本，又是人们合法权利的保障。

法治，首先要管住政府的权力。

“法定职责必须为，法无授权不可为。”这是依法行政的根本要求。结合行政审批等改革，推进权责的法定化，广东2017年完成了省级权责清单动态调整工作。调整完善后的51个省直部门权责清单共十类行政职权5598项，减少1373项，压减率约20%。

“有权不能任性。”建设法治政府，还要切实做到严格、规范、公正、文明执法。为了消除“同案不同罚，同事不同办，以罚代刑”，广东推动建立行政执法与刑事司法“两法衔接”机制，省级行政执法单位基本纳入信息平台，省、市、县三级信息平台基本互联互通，截至2017年底，行政执法机关共有16.8万件案件录入平台。行政机关的依法行政情况纳入法律监督机关的全程监督。

法治，必须要守住司法公正的底线。

广东是案件大省，全省法院、检察院新收各类案件数量都位居全国首位，甚至比很多省多数倍。如何解决“案多人少”的矛盾？如何在提升办案效率的同时，保证办案质量，让人民群众在每一个案件中都感受到司法的公平正义？面对这一课题，广东法院系统和检察机关通过深化司法体制改革来提升办案效能。

“让办案者决定，让决定者负责”，除审判委员会、检察委员会讨论决定的重大疑难案件外，由直接审理案件的法官、检察官全权负责，全面落实权责一致要求，防止司法干预，维护司法公正。

与此同时，广东法院实行民事案件繁简分流，对不同案件适用不同解纷程序，能调则调、简案快审、繁案精审。

作为法律监督机关，广东检察机关用好手中的监督权，在过去的5年里，提出刑事抗诉1851件，提出民事行政抗诉1731件，并在全国率先研发并运行侦查活动监督平台，保证司法公正，维护法治权威。

“我就喝了一杯酒，会被判什么刑？”2018年5月8日，被控酒驾的李先生在中山市第一法院过堂，开庭前，他在刑事辩护全覆盖法律援助律师工作点免费获得了法律帮助。这一变化，来自2018年5月广东全面启动的刑事案件律师辩护全覆盖制度——被告人没有委托辩护人的，法院应当通知法律援助机构派驻的值班律师为其提供法律帮助。

诉讼不平衡，公正的天平就会失衡。广东省高级人民法院和广东省司法厅联合制定的《关于开展刑事案件律师辩护全覆盖工作的实施办法（试行）》明确，因一审法院未履行通知职责导致被告人无律师辩护的，二审法院应该撤销原判，发回重审。中山市第一法院法官区燕莉说，被告人获得有效的辩护，不仅在程序上保障了人权，还有助于法官查清案件事实，避免冤假错案的产生。

法治，要引领、规范、推动经济发展。

两百年前，英国、美国上演“大国崛起”，知识产权、市场规则的法律体系功不可没，当代西方国家经济发展的基础也离不开法治。

2018年1月，广东省高级人民法院出台了《关于为优化营商环境提供司法保障的实施意见》，为营造安全稳定的社会环境、竞争有序的市场环境、互利共赢的开放环境、鼓励包容的创新环境、公平正义的法治环境提供司法保障。《实施意见》不仅明确规定保护各类市场主体的平等发展，增强知识产权司法保护力度，还明确规定，加强对行政行为合法性审查和涉诉“红头文件”附带审查，支持和监督行政机关依法行政，促进行政争议实质性解决。

“按规定办事不求人，按法律经营不怕事，利益受损不怕打官司。”某知名电商销售企业负责人直言，把总部落户在广东，看重的就是这里的法治环境。

法治，要贯彻社会治理的全过程。

法国哲学家卢梭说：“一切法律中最重要的法律，既不是刻在大理石上的，也不是刻在铜表上的，而是铭刻在公民的内心里的。”

法治广东的建成，关键在全社会树立对法律的信仰。

广东仍是个人情社会，社会结构复杂多元，社会治理难度大，将社会治理纳入法治轨道，才能让问题可治理。在基层治理中，法治建设尤其需要加强。为此，广东全面推进律师担任村（社区）法律顾问工作，25996个村（社区）实现一村（社区）一法律顾问全覆盖，定期到村、社区服务的法律顾问，不仅化解了大量纠纷，也大大提高了基层自治管理的法治化、民主化、科学化水平。

在“四个走在全国前列”要求的指引下，法治广东建设驶入快车道，一份份方案正在酝酿出台……

一次比一次触动灵魂的通报

从严治党、惩治腐败是最大的社会治理

2018年5月4日，世界的目光聚焦北京，观察并思考着世界上最大的马克思主义政党，在马克思诞辰200周年之际，怎样总结过往，如何继往开来。

外国学者敏锐发现，中共的领导人在纪念马克思诞辰200周年大会上的讲话，60次提到了“人民”，并多次强调共产党人的初心与使命担当。

共建共治共享的社会治理格局，最终的落脚点就是“一切为了人民，一切依靠人民，为了一切人民，为了人民一切以及一切由人民检验”；核心的担当者就是中国共产党430多万个党组织和8700多万党员。

习近平总书记参加十三届全国人大一次会议广东代表团审议时强调，要认真落实新时代党的建设总要求，努力把各级党组织锻造得更加坚强有力，从各级领导干部做起，从一件件小事抓起，坚决防止不良风气反弹回潮，不断巩固和拓展落实中央八项规定精神成果。

“党风决定政风、社风、民风。治国必先治党，治党必须从严，从严治党、惩治腐败是中国社会治理体系和治理能力现代化的重要制度与组织保障；是最大的社会治理，是理顺民心、实现党长期执政、确保社会长治久安的根本之举。”国务院研究室原主任、北京师范大学中国社会管理研究院院长魏礼群这样分析。

党的十八大以来，广东省委把作风建设作为突破口，坚定不移推进全面从严治党，夯实党员的思想根基、狠刹歪风邪气、铁腕肃贪反腐、坚持建章立制，着力解决人民群众反映最强烈的突出问题。从党的十八大到党的十九大期间，广东省纪检监察机关共立案查处地厅级干部568人、县处级干部3853人，惩治了一大批腐败分子，对端正党风发挥了重大作用，伸张了正

气，刹住了歪风，赢得了党心民心，极大带动了政风、社风、民风好转，也推动了社会治理创新发展。

“逆水行舟用力撑，一篙松劲退千寻。”全面从严治党永远在路上。

种种迹象表明，“四风”问题正在出现变异，必须遏制其反弹。

惠州市大亚湾经济技术开发区公安局原副局长曾志军先后37次收受8家公司所送红包礼金共计人民币21万元、港币12万元；省南粤交通投资建设有限公司龙怀高速公路管理中心英怀管理处总工程师罗新才、副主任南电带领考察组在云南考察学习期间，借机参观洱海等多处旅游景点，花费公款共8300元……2018年“五一”前夕，广东省纪委点名道姓曝光了4起违反中央八项规定精神的典型案例，持续释放越往后执纪越严的强烈信号，坚决打消一些党员干部的侥幸心理，不断巩固拓展落实中央八项规定精神成果。

截至2018年2月，广东省市县三级监察委员会全部成立，构建起党统一指挥、全面覆盖、权威高效的监督体系，而监察体制改革的制度优势转化为治理效能。2018年第一季度，广东省纪检监察机关共接受信访举报1.4万件次，处置问题线索0.9万件，谈话函询631件次，立案5553件，处分3132人。其中，处分厅级干部56人，县处级干部197人，乡科级干部567人，一般干部438人，农村、企业人员等其他人员1874人，反腐重拳继续发挥强大威慑力。

从严治党、重拳反贪，清除广东社会肌体上的毒瘤，打响社会治理领域中一场又一场攻坚战。

——扫黑除恶，必须打掉“保护伞”，反腐雷霆出击！

2018年以来，广东省纪检监察机关已经查处涉黑涉恶腐败和“保护伞”案件71件，给予党纪政务处分103人，移送司法机关18人。广州市黄埔区东区街刘村社区党委原书记刘永添犯组织、领导、参加黑社会性质组织等罪，被判处有期徒刑20年；清远市公安局清城区分局部分公安民警因充当涉黑组织“保护伞”，分别以徇私枉法、玩忽职守罪被法院判处有期徒刑；河源市连平县纪委监委截至4月底，已办结党员干部涉黑涉恶案件26件，其中，移送司法处理8件，党纪政务处分22人，打掉“保护伞”4个，追究领导责任6人……

——坚决斩断伸向扶贫领域的“黑手”，推进基层治理，必须拍蝇不止。

2017年1月至2018年2月，广东省共立案查处扶贫领域违纪违法案件1775件，结案1348件，给予党纪政纪处分1318人，移送司法机关处理140人。

——巡视出击，对被巡视单位进行全面的政治体检，既发现腐败问题，又推进相关领域治理。

十二届省委第一轮巡视整改阶段性任务已经完成，4月26日至28日，26个被巡视党组织在本单位官方网站全文公开整改情况。人们注意到，巡视不仅推动着相关单位整改党组织弱化软化、违反中央八项规定精神等问题，还推动着它们整顿权力寻租、“小金库”、因人设岗等一系列问题。

…………

广东是改革开放的前沿，四十年里，幸运地在这个中华民族历史复兴的伟大故事里，扮演着不同寻常的角色。

四十年的率先发展，广东传统发展模式的弊端、经济结构社会结构剧烈变革带来的治理难题暴露得最早，也最充分，对转变经济发展方式的迫切性、转变社会治理方式的体会和认识最深刻，主动转变的行动也最迅速。

“四个走在全国前列”是习近平总书记对广东工作的新期望，也体现了广东在全国改革发展大局中具有举足轻重的地位。

落实习总书记的要求，广东新时代新征程的画卷已经展开。在中国的新征程中，广东一定能够再创新优势，铸就新辉煌，为实现中华民族伟大复兴作出新的更大贡献！

（2018年6月7日）

奋力实现“四个走在全国前列”深调研

“营造共建共治共享的社会治理格局”调研小组成员

赵　杨　汤凯锋　李　强　尚黎阳　吴　珂　陈　彧　胡新科

马喜生　昌道励　杜　艳　王　聪　李润芳　肖　雄

下篇：真抓实干·奋发进取

▸ 关键词：海上风电

奋力实现“四个走在全国前列”深调研小分队
深入珠海、中山调研海上风电发展

发展海上风电只能靠自主创新

海上风电是新能源的前沿领域，是广东省可再生能源中最具规模化发展潜力的领域。大力发展海上风电是推动经济高质量发展的必然要求，是打好污染防治攻坚战的关键举措，也是培育新的经济增长点、推动产业转型升级的重要抓手。

作为海洋大省，广东具备发展海上风电的良好资源条件，近海风能资源丰富，理论总储量约为1亿千瓦。

为此，广东省日前在中山专门召开推进海上风电建设工作现场会，提出要紧紧抓住海上风电发展的难得机遇，明确海上风电在广东省能源结构调整中的定位，将大力发展海上风电作为广东省推进能源发展和能源结构调整的重要抓手。

【见闻】

时间：2018年4月4日至4月9日

地点：珠海桂山海上风电场示范项目、中山明阳智慧能源集团

2018年4月9日下午，伶仃洋三角岛海域附近天蓝海碧，微波荡漾。16时13分，炎炎烈日下，一个高近90米、重达500余吨的“巨无霸”在海平面上被徐徐吊起。南方日报、南方网、南方+客户端奋力实现“四个走在全国前列”深调研小分队在珠海桂山岛海域，目睹了这一幕。同一时间，另一支小分队则在中山明阳智慧能源集团的厂房，见证海上风电组装和大数据监测的全过程。

20台风机屹立桂山岛海域

“这架风机需要先在码头组装好，通过船运到已经建好的导管架附近，再用吊车进行整机吊装”，桂山海上风电项目经理罗刚介绍。眼前正在被吊起的“巨无霸”，原来是明阳智能珠海桂山海上风电项目一台型号为MySE3.0-112的风机。

罗刚说，只要海上天气合适，这样一个海上“巨无霸”吊装完成，只需3到4个小时，“一天就可以完成两台风机的吊装工作”。

环顾四周，在桂山岛附近这片海域上，已有20台风机雄雄屹立。2017年6月11日，该项目完成首台机组吊装；两个多月后的8月23日，风机组成功抵御台风“天鸽”。眼前，正在吊装的这台风机是第21台。罗刚介绍，项目预计投产风机共29台，已有3台风机成功并入电网，计划6月底所有风机完成吊装、并网。

罗刚感慨道：“前十年是陆上风电的天下，未来十年就是海上风电的十年！”已经从事风电事业10余年的罗刚告诉记者，过去十年，陆上风电

项目发展非常迅速，而海上风电项目却还停留在摸索和研发的阶段。现如今，海上风电技术趋于成熟，已经具备大规模开发投产的条件。

经了解，整个珠海桂山风电场，未来全部并网投产后，年上网电量可达约2.3亿千瓦时。按照中国普通家庭每户每年用电2300千瓦时计算，单一个珠海桂山风电场就可满足10万户家庭一年的用电需求，每年可减少二氧化碳排放209吨。

更可观的是，广东拥有4114公里海岸线，海上风电的理论总储量约为1亿千瓦。看着眼前的风机吊装，记者不由得信心倍增。随着广东有关海上风电规划的出台，海上风电作为海洋经济和清洁能源的跨界产业，潜力巨大。

而硬币的另一面，广东至今仍未有海上风电项目真正投产，建设仍严重滞后。随着这个万亿级产业大发展的序幕徐徐拉开，广东能否抢占先机，仍面临不少挑战。

“全生命周期”管护“海上重器”

1号机位，并网，风速7.23米/秒；10号机位，待机，风速4.3米/秒；14号机位，故障发生时间2018年4月9日00：07：23，持续时间0.01小时，故障名称117齿轮过滤泵1滤芯故障信号触发……

走进明阳智慧能源集团大数据中心，一台硕大的显示器格外显眼，一串串数据清晰地显示出来。

“这是我们在全球的风电场分布情况。”明阳集团工程运维调度中心主任兼运维事业部副总经理郭卓锋指着显示屏上密密麻麻的绿点说，明阳大数据中心建立的企业级私有云平台，通过云数据掌控明阳全球风电场。平台以大数据为基础，采用人工智能、深度学习等高级分析算法，通过可视化的态势分析，实现了气象预测、风机健康状态监测预警、风电场优化运行和风电场群的协同调度。

“明阳利用大数据实现基于状态的运维，就如一个人不再是等到生病才看医生，而是实现亚健康管理。”明阳智慧能源集团股份公司执行总裁、首席技术官张启应这样比喻。

● 海上风电

“有了大数据中心后，每次发生故障，系统就会自动弹窗出来，精准显示是哪台机器出现故障，什么原因，有多少种解决方案。”郭卓锋介绍。

当然，大数据系统虽然能够有效实现“治未病”，但还是无法避免风机出现真正故障。而一旦出现问题，“出海维修一次就得花上百万元”，郭卓锋说。

可以预见的是，未来海上风电大规模发展后，势必面临大量风电机运维的情况。维修路途远、成本高，还有风机的更新迭代等问题，将对海上风电产业提出一道道新的难题。

利用台风增加额外发电量

广东海上风电开发建设条件优越，规模发展潜力巨大。但同时，广东沿海每年频遭台风袭击，对相应的设备、技术也提出了更高的要求。因此，因地制宜的设计、调度等就显得尤其重要。

在明阳集团MySE3.0MW总装车间，记者看到，风机最核心的主机部分就在这里测试、组装。制造部部长宋成桂介绍，大数据预测可以使得风机

调研组成员爬上海上风电机的塔顶

根据台风风向调整叶轮角度，令叶面受力最小，有效降低台风影响。“而且我们生产的叶片尺寸小、质量轻，受力面小，叶片强度设计按照抗台风等级制作，再根据大数据预判实时调整，所以从来没有在台风中受到过损失。”

“明阳已有1500多台风机在台风区域，经历最长8年的运行考验，先后经历了30余场不同等级的台风，最大台风等级达18级，安全可靠、稳定运行。”张启应自豪地说。

凭借人工智能、深度学习等高级分析算法，甚至还能将台风“变害为宝”。2017年8月23日12时50分，“天鸽”的登陆主要影响珠海、阳江、汕尾等区域风场，基于大数据平台的实时监测，依托多年抗台风经验以及优秀的抗台风控制策略，明阳充分利用台风过程中的风资源为客户带来额外的发电量提升。

“在中国发展海上风电不同于欧洲，欧洲没有台风。因此，我们只能靠自主创新。”张启应感慨。

发展海上风电与一切科技创新相同，无论是过去还是未来，无论是中国国情还是世界环境，都决定了我们必须走出一条自主创新道路。在蔚蓝的伶仃洋海域，广东海上风电产业立起的不仅是风电机，更要是自主创新的丰碑。

【声音】

海上风电是所有新能源产业领域要求最高的产业之一，高可靠性、高发电量等技术要求迫使本土的企业得以快速发展，也带来了该领域内的许多重大技术突破，这些技术将来可能会反哺其他行业的发展。

——明阳智慧能源集团股份公司执行总裁、首席技术官　张启应

海上风电项目与陆地风电项目最大的不同，就是海上的风机对防护的要求更加严格。因此，大兆瓦风机会是一种潮流。希望我们国家未来在深海，能够建设投产更多更大兆瓦的风机。

——珠海桂山海上风电场示范项目运维工程师　杨作军

大力发展海上风电有助于广东实现能源结构调整、完成节能减排任务；有助于广东全面提升海上风电产业能级、做大做强广东海上风电产业链；对其他产业带动效应大。广东要实现海上风电产业大发展，需要在关键技术瓶颈、资源共享瓶颈、审批制度瓶颈等方面实现突破。

——广东省海洋与渔业厅党组书记、厅长　王中丙

广东海上风电面临着建设成本高、后期的开发运行维护比较困难等问题，由于海上情况更为复杂，对相应的设备、技术也提出了更高的要求。

——南方电网高级技术专家、南网科研院系统所副所长　周保荣

一个产业要形成更好的效益，应该规模连片开发，广东的海上风电要

走集中连片开发之路，这样既能节约资源，又能实现更好的效益。

——中国三峡新能源有限公司董事长、党委书记　李斌

（2018年4月10日）

奋力实现“四个走在全国前列”深调研

“建设现代化经济体系”调研小组成员

袁佩如　黄　进　李　赫　刘　倩

▶ 关键词：创新要素集聚

工厂旁的研究院

创新要进车间才有生命力

当前，我国经济已由高速增长阶段转向高质量发展阶段。人工智能、物联网、3D打印、生物技术、新材料等领域的新兴突破性技术集中出现，与实体经济加速融合。

习近平总书记参加十三届全国人大一次会议广东代表团审议时强调，要全面推进体制机制创新，提高资源配置效率效能，推动资源向优质企业和产品集中，推动创新要素自由流动和聚集，使创新成为高质量发展的强大动能。

创新是引领发展的第一动力。高质量发展需要完善的产学研深度融合技术创新体系，不断强化企业的创新主体地位，促进创新链、产业链、资金链、政策链有效结合。高质量发展需要完善的创新创业生态环境，充分调动全社会创新创业的积极性。如何推动各种优质的创新要素和创新资源的高密度聚集，实现与产业、企业、市场的有效对接，鲜活的实践样本在广东处处可见。

【见闻】

时间：2018年4月8日至9日

地点：佛山高新区，广工大数控装备协同创新研究院、佛山智能装备技术研究院

在佛山高新区的桃园东路上，在工厂企业遍布的制造业腹地，广工大数控装备协同创新研究院（以下简称“广工大研究院”）的建筑显得与众不同。作为广工大研究院的院长，杨海东见证了这里的蝶变：从四年前的

佛山智能装备技术研究院

无名小山坡拔地而起，成为佛山科技创新驱动的重要载体之一。

这个研究院从成立之初就肩负着不一样的使命：对接企业需求，让高校科研落地，推动创新要素加速流向广袤的产业腹地……杨海东告诉调研组，目前研究院有60多个团队，研发创新产品超过60项，服务地方企业超500家，带动产值超过50亿元。

在工厂旁成长壮大的研究院，站在产业发展浪潮的风口浪尖上，如何整合对接创新要素、打通产学研“最后一公里”……带着疑问，我们走进佛山高新区展开调研。

教授进车间：科研团队站在产业前沿

走出教室，广东工业大学机电工程学院教授管贻生马不停蹄赶到他在佛山高新区内创立的机器人企业。这位加拿大阿尔伯达大学的“海归”博士，此前专注于高校内科研教学，如今则要每周至少3次往返于广州与佛山高新区之间。

在广工大研究院的数字化展厅，管贻生站在白色的机械臂前，拎起一个炉灶架模型向我们展示他的科研成果。“通过我们自主研发的机器人离线编程系统，打磨出来的铸件去毛刺效率高，更加环保安全。”在佛山，已经有南方风机等30余家企业用上了管贻生团队的机器人和技术。

“在学校里做研究往往不接地气，创新需要走进工厂车间、走到企业生产一线，才能有生命力。这里有雄厚的制造业基础，发展工业机器人有很大的市场空间。”在管贻生看来，科研成果不能躺在实验室里“睡大觉”，而是必须对接合适企业，使之尽快产业化。

在广工大研究院的“轻子精密”研发实验室里，一台造型特殊的“纺丝机”正不断“吐丝”。广工大教师王晗是负责人，这是该企业开发的国内第一款环境控制快速响应的静电纺丝设备，精密程度接近国外高端产品，制造成本却低了七成，纺出的纳米纤维薄膜薄如蝉翼，可应用于高效环保过滤、人造皮肤等。

“我现在是全职出来创业，学生们都做股东。”王晗的名片上印着佛山轻子精密测控技术有限公司总经理的头衔。他说，学校鼓励技术和专利带头人出来和市场接轨，并且有机制保障老师们把专利转让市场。

在调研中，一些企业家告诉我们，虽然许多地方和企业都在推进产学研合作，不少企业因此尝到甜头，但仍然有些产学研合作实际效果并不理想。究其原因，就在于掌握技术的教授与企业之间缺乏细致了解，合作起来就难以找到、找准主攻方向，虽然能拿出科研成果，但在工厂短时间内难以成功转化。

在制造业腹地拔地而起的研究院，让越来越多像管贻生、王晗这样的技术带头人站到市场最前沿，也为我们探索产学研的深度融合提供了新的思路。

杨海东还向我们亮出这样的成绩单：目前广工大研究院有60多个团队，研发创新产品超过60项，申请专利近400件，服务地方企业超500家，已实现技术服务收入超亿元，带动产值超过50亿元。

现在，佛山正在打造贯穿五区的“一环创新圈”，建立跨行政区域的创新平台。杨海东和团队也准备撸起袖子大干一场。

杨海东表示，目前，广工大研究院正探索“科学家团队+对接企业+学生创业基地+人才券科技券”模式，为先进装备制造业科技创新安上强力发动机。

为企业“定制技术”：9秒生产一台小家电

当我们走进佛山市迪赛纳科技有限公司的车间时，映入眼帘的是这样的场景：一台机器“吐”出一定长度的铝合金，被切断后“排着队”送往下一阶段，经过机械臂抓取被折叠成四方形，随后打磨、附上铝合金底部，人们在宜家常见的菜篮子就完工了。

从事传统五金产业的迪赛纳是众多世界500强企业的产品供应商。该公司总经理胡亚军说，企业用上了120多台机器人，通过生产线的智能化改造，公司员工从2006年的3000多人减少到2017年的650人，产值却逐年递增。

“我们要把研究院建在产业链上。”广工大研究院副院长熊薇表示，目前，广工大研究院为50多家客户量身定制所需关键技术，包括为企业开发新型传感器等核心装置，研发满足各行业不同工艺需求的机器人。

产学研的精准对接，带来生产效率的快速提升。

在机器轰鸣的生产车间里，佛山智能装备技术研究院常务副院长周星和团队研发的智能制造产品线忙碌运转。由佛山智能装备技术研究院、佛山华数机器人有限公司联合小熊电器打造的“中国制造2025”生产示范线——小家电智能装配流水线，从原材料上线到成品下线，每个产品完成时间只要大约9秒，比以前快了11秒。周星说：“这解决了家电行业面临的招工难、成本高的困难，效率得到了很大的提高，而且质量更有保证。”

与市场的快速对接，反而倒逼技术的升级、创新效率的提升。对这一点，周星感触很深。他举例说，佛山智能装备技术研究院与华数机器人联合研发的HSR-BR6双旋系列机器人，打破传统的机器人结构，占用空间小，可应用于搬运、焊接、喷涂、装配等领域。“像这样的机器人过去光研发就需要半年时间，现在我们直接与市场需求精准对接，仅仅两个月就完成研发，三个月后推向市场试用，迅速赢得市场认可。”

当前，佛山正在深入学习贯彻习近平总书记参加广东代表团审议时的

佛山智能装备技术研究院展示的华数机器人智能生产线

广东自贸区深圳前海蛇口片区

重要讲话精神，推动制造业向高端跃升。就在一周前，美的库卡智能制造产业基地正式动工，预计将带动当地形成新的千亿级产业集群。

“广东要在整个制造业的转型升级浪潮中走在前列，这里有着广阔的技术应用资源，我们将整合全国各地的创新资源，落地实现产业化。”周星信心满满。

面对快速变化的产业浪潮，为企业“定制技术”的专家教授，如何链接整合最前沿的技术，是新的课题。广东昭信企业集团有限公司董事长梁凤仪就在思考：企业要抢占产业制高点需要前沿技术，需要和国际信息对接、根据需求研发，高校和研究院能不能满足国际化的新需求？

加速链接全球创新创业资源，促进当地产业、技术的更新换代，可能将是摆在专家、研究员面前的新任务。

【声音】

我们运作的一个特点是链条式创新。经过调研，我们发现企业所处的产业要转型升级，可能要对整个生产系统进行改造，这时我们就扮演整合各方资源的角色，承接一家企业转型升级的任务，然后制定一个标准，将升级任务分包给入驻企业，让研究院服务的企业在寻求升级时不再迷茫，研究院发挥平台的作用。

——广工大数控装备协同创新研究院院长 杨海东

“中国制造2025”的实施正在推动制造业的高质量发展。我们加快智能制造技术和装备在传统产业领域的应用，实际上就是为了推动经济的高质量发展，机器的稳定性、效率、性价比更高，通过智能制造，我们把人解放出来，去做更有创造性、更高质量的工作。现在，人工智能的技术发展迅猛，我们相信，未来我们国家有可能在这一领域实现在全球的领先。

——佛山智能装备技术研究院常务副院长 周星

现在，各级政府对产学研合作和项目支持力度很大，不缺资金。但是，我们一些项目没有从企业需求和行业痛点出发，往往没有实现应有的效益。现在，我们与企业展开深度的合作，激发了团队的创新研究热情，开发出更多满足市场需求的新技术、新产品。

——广东工业大学“百人计划”特聘教授 管贻生

广工大数控装备研究院

过去，学校的研究成果产权不清晰，制度上没有保障。生产要素要流动，前提是必须要有完善的法规支撑。现在，地方政府、高校等的规章制度逐步明确，技术研发人员能够拿着专利出去创新、创业，享受到创新的红利。我们赶上了一个好时代。

——广东工业大学博士、佛山轻子精密测控技术有限公司总经理 王晗

我和合作伙伴现在落户在广工大研究院创业，主推虚拟仿真软件、课程资源包以及全媒体移动课堂等产品。我们在众创空间中发布相关信息，发布的对象包括在众创空间创业的团队、周边高校老师和学生团队，大家都可以到这里争取项目，把市场摆在这里，谁能承接就给出方案。

——广工大研究生 陈泊涛

（2018年4月11日）

奋力实现“四个走在全国前列”深调研

“构建推动经济高质量发展体制机制”调研小组成员

郑佳欣　张素圈　马艺天　许晓冰　李慧君　戴嘉信

关键词：乡村治理

解码大城市边缘的乡村治理

在城市化的浪潮中自我振兴

随着新型工业化、城镇化加快推进以及农村改革不断深入，我国广大乡村正经历着前所未有的变化。农业生产方式、社会结构的变化在促进农业发展、农村进步、农民富裕的同时，也给乡村治理带来一些新问题。

党的十九大报告提出：“要实施乡村振兴战略。”这是新时代做好“三农”工作的总抓手，也让乡村迎来了难得的发展机遇。党的十九大报告还提出，要健全自治、法治、德治相结合的乡村治理体系。这是在乡村治理方面提出的新要求。几十年来，广东探索出了不少乡村治理新模式，也打造了一批小康村、富裕村、明星村。面临新时代新要求，广东如何在乡村治理中走在全国前列？为此，调研组前往多个乡村开展调研。

【见闻】

时间：2018年4月11日

地点：惠州市博罗县观背村，惠州市惠阳区良井镇霞角村、矮光村

近40年的快速发展，使中国的乡村在现代化的进程中发生了翻天覆地的变化，世界史上规模空前的城市化运动也在中国大地上演。在这一进程中，不少乡村城市化了，但也有大量乡村被周边的大型现代城市吸走了“血液”。那些长期“失血”的乡村，面临着人去村空、资源缺失、伦理失序、文化凋敝的治理困境。

如何为乡村“造血”？如何在城市化的进程中逆城市化？如何按照乡村的逻辑治理乡村？如何留住乡愁？2018年4月，南方日报记者走进位于珠三角的惠州的三个村落，试图找到这些大城市边缘的乡村的治理“密码”，与当地干部一同思考治理路径。

逆城市化：引进人才资源助乡村振兴

走进东江之滨的观背村，映入眼帘的是一幅幅精美壁画。中国梦、桃园三结义、宫崎骏的龙猫……200多米的墙绘长廊，集纳了古今中外的元素，为观背村带来“壁画村”的美名。

但时间倒推到四五年前，观背村却是一幅“脏乱差”的景象。20世纪90年代，伴随城市化进程，村土地价值水涨船高，村民纷纷变卖土地，拿补偿款在对面新村盖起了新楼房。就这样，原本的村落日益破败，并逐渐被村民抛弃。

“外看像个村，进村不是村，老屋没人住，荒地杂草生。”这句顺口溜反映了观背村当时的情况。村落衰退，不仅是村容村貌不好，村风民风也被大伙诟病。“靠老头老太太搞乡村振兴，怎么行？”几年前，刚到村委工作，观背村党支部书记郑国雄心里也没底。没有人、没有钱、没有资源，拿什么治理乡村？

对于观背村来说，如何引进新的资源与动力是关键。2014年，时任博罗县司法局副主任科员的陈湘来观背村做第一书记。他的思路是利用区位优势，从外部引进资源和新的产业，并盘活现有资源。于是，在陈湘的带领下，村里引入了一批文化团体，将废弃的老房子租给其改造成“文化驿站”。如今，观背村已有62家社会团体和民间协会入驻。“随着游客增多，部分村民看到商机，重新回村创业。比如，最近我们村新开了一条美食街，不少村民报名入驻！”郑国雄说。

良井镇矮光村也面临着如何为乡村注入新资源、新动力的问题。

矮光村委书记李仁聘说，本次矮光村的两个村民小组以荒废的房屋、闲置的土地作价入股，以股东的形式与碧桂园集团、华侨城集团合作开发文旅项目，村民不仅可以一次性收到3年的保底合作费用，以后项目产生效益，他们还可以拿到利润20%的分红。

记者走访发现，不仅是矮光村，隔壁的霞角村也在规划实施霞角村乡村振兴项目，拟开发共享农庄、花兮小镇等文旅项目。

调研中记者发现，引进资金、项目是乡村高质量治理的基础。否则，乡村治理也仅能停留在底线治理的程度，维持秩序、提供最基础的公共服务，难挽颓势。

● 观背村壁画一景

乡村党建："给钱给物，不如建个好支部"

良井镇委书记杨治宇说，在实施乡村振兴中，该镇构建"镇—村居—村组—党员"分层管理体系；组织构建"良井镇村组工作群"，实现镇、村组扁平化沟通联系。"为让'两委'树立威信，镇里每年向各村（社区）拨出30万元固定经费，基本解决'两委'的运作经费。"

"给钱给物，不如建个好支部！在我看来，实施乡村振兴，要充分发挥党员领导干部的带头示范作用。"郑国雄的这句话让记者印象深刻，乡村治理的活力关键在于能人的能量，引进项目的能量和发动与组织村民的能量。乡村治理中，如何配备有战斗力的领导班子至关重要。这其中，选一个兢兢业业，不是来"镀金"的第一书记是个好办法。

此外，村干部的威信不是拿钱立起来的，乡村的组织动员自有其逻辑。郑国雄告诉记者，当时观背村打造"文化部落"时，村里需要在1个月内拆迁几栋旧屋给项目腾地。但一开始，很多村民不同意。观背村支部委员王春娣的祖屋就在拆迁范围内，她主动带头拆了老房子，其他人受到感召纷纷行动起来。只用了13天，旧房就全部拆迁完毕。

还有一个重要的问题，那就是党员领导干部在带领村民致富的同时，

● 观背村壁画"不忘初心　牢记使命"

如何管好集体的“钱袋子”？实际上，近些年，农村基层组织软弱涣散现象，小官巨贪、村霸控制等问题，屡屡见诸报端，相当程度上腐蚀了农村基层组织，不利于农村长治久安。

记者注意到，像矮光村、霞角村，引进了“大项目”，村里慢慢有钱进账，如何管理好村“两委”、集体“三资”也逐渐摆上台面，而这也无疑将是实施乡村振兴战略中面临的一项重要课题。

乡村法治：法治既关乎秩序治理也关乎营商环境

有人说，农村的纠纷，不是逼到一定份上，没人想着用打官司的方式来解决。但当新人、新的产业、新的项目进入农村后，乡村已经从熟人社会向半熟人社会发展。新的利益关系如何协调？法律的重要性就凸显出来了。

观背村道路两侧的500余幅壁画中，不少反映了社会主义核心价值观与法治思想。博罗县委政法委副书记、司法局局长陈锡坤说，将法治宣传与传统文化结合起来，把法治理念渗透到村民生活中的点点滴滴，是观背村探索法治宣传的一条新路。

为了向村民普法，也为了让村干部们依法办事，惠阳区率先试点“法制副主任”制度，在党委统揽下，整合各方法制资源，鼓励基层聘请法律专业人员开展法治教育，解决基层法律问题。

“法制副主任是一颗种子，我们希望通过他们带动更多的人学法、知法、守法。”惠阳区司法局局长肖德辉告诉记者，通过组织“法制副主任”深入基层农村，开展有关“三农”“土地改革”“集体经济建设”和法德教育等法治宣传讲座，为村民提供精细化的法律服务，达到法治惠民效果。

在调研中，记者感受到，在乡村社会从封闭走向开放的过程中，单一的治理手段无疑难以应对差异化、多元化的社会现实，探索以法治为保障、以德治为引领、以自治为核心的差异化治理已成为基层农村的治理方向。

“村民法治思维的养成，一方面带来村容村貌的改变，但如果往深了说，也会极大改善当地营商环境，拉动投资。你看，比如企业来矮光村投资，村民连门前的树也漫天要价，企业还怎么敢来？”肖德辉说。

观背村"法制副主任"法律顾问刘家峰接受记者采访

调研中，记者深感，在乡村推进法治建设，首先村干部要依法，这是最关键的，其次就是要普法，再就是要以案释法，让村民感受法治的力量。这在半熟人社会的乡村将会越来越重要。

【声音】

基层治理的关键是法治与德治并举。法安天下，德润人心，法律是保障，道德是支撑，通过浸润式普法和传统文化弘扬，使法治和德治相结合，最终达到激发村民自觉，实现村民自治的目的。

——博罗县委政法委副书记、司法局局长 陈锡坤

推进新农村建设，实现乡村振兴，最根本的是要发挥基层党组织的战斗堡垒作用，党员干部要团结，发挥先锋模范带头作用。只要一群人一条心干一件事，就能凝聚团结力量，实现目标。

——观背村党支部书记 郑国雄

我们用“互联网+”模式助力党建，运营“良井时政”微信公众号，推动以“微信+”模式建立覆盖镇、村（社区）两级相关党员干部的“网络课堂”“才子佳人”群等交流渠道，同时强化联系群众，建立村组工作群，打通与群众联系的“最后一公里”。

——良井镇委书记 杨治宇

（2018年4月12日）

奋力实现“四个走在全国前列”深调研

“营造共建共治共享的社会治理格局”调研小组成员

祁 雷 赵 杨 吴 珂

▶ 关键词：一带一路

解码蛇口开放基因

这里有世界级水平的码头作业效率

2013年9月和10月，中国国家主席习近平分别提出建设“新丝绸之路经济带”和“21世纪海上丝绸之路”的合作倡议。

此后，习近平主席在世界经济论坛2017年年会、“一带一路”国际合作高峰论坛等多个国际场合发表重要演讲，深入阐述了关于正确处理国际政治经济关系的新构想。其中，“共商、共建、共享”的全球治理理念凝聚了新的国际共识，产生了广泛的国际影响。

2018年4月11日，习近平主席集体会见博鳌亚洲论坛现任和候任理事时指出，我们秉持的是共商共建共享，把政策沟通、设施联通、贸易畅通、资金融通、民心相通落到实处，打造国际合作新平台，增添共同发展新动力，使“一带一路”惠及更多的国家和人民。

【见闻】

时间： 2018年4月12日

地点：蛇口集装箱码头、前海湾保税港区、招商局港口大厦

蛇口集装箱码头上，高耸入云的起重机一字排开，巨大的吊臂起起落落。五颜六色的集装箱齐整地码在堆场上，装卸货物的货车忙碌地来回穿梭。

在中国对外开放史上，蛇口是一个绕不开的观察窗口。随着新时代下推动形成全面开放新格局的新要求，蛇口如何紧抓自贸试验区和粤港澳大湾区的机遇，实现涅槃升级？信息化时代，蛇口集装箱码头如何通过高新技术应用和创新，向智慧型、绿色低碳发展？“一带一路”倡议背景下，如何实现港口、产业园和城区的有机联动，将“蛇口模式”更好地推广到“一带一路”沿线国家和地区？

2018年4月12日，南方日报记者走进蛇口集装箱码头、前海湾保税港区和招商局港口大厦，试图解答蛇口码头的开放基因“密码”。

港口运转效率是国际贸易的“咽喉”

记者行走在蛇口集装箱码头，货轮鸣笛声、起重机轰鸣声、货车行驶声不绝于耳，让来访者时刻体会着这里的生机和繁忙。

“蛇口码头现已开通定期国际班轮航线近100条，通达美洲、欧洲、地中海、东南亚、北亚、中东、澳洲、非洲等全球180多个港口。”蛇口集装箱码头党委书记兼副总经理汪沛向记者介绍，2017年蛇口集装箱码头集装箱吞吐量近526万标准箱，同比增长3.6%。目前，世界知名百货公司如沃尔玛、Target Stores、Lowes、Tesco、IKEA等，也在蛇口集装箱码

头出口全球前五十大进口商的名单中。

背靠庞大的珠三角制造业基地，不夸张地说，港口的运转效率就是国际贸易的“咽喉”。

汪沛说，蛇口集装箱码头在港船舶集装箱装卸作业速度为平均31个自然箱/小时，集装箱在堆场堆存时间平均为9天，外拖车进出闸提交箱作业效率平均为31分钟每自然箱，这样的码头作业效率已属世界级水平。

但对于在蛇口集装箱码头工作近30年的堆场场桥司机王景友来说，最大的变化不仅仅是运转效率。

他回忆道，过去码头起重机的油耗很大，在高空作业时，废气、噪声让司机不堪其扰。如今，场内龙门起重机已实现100%油改电，港口生态环境大为改善。“我们现在高空作业时基本闻不到燃料废气的味道。港区经常能看到蓝天白云，从50米的高空俯瞰深圳湾，有时还可以看到白海豚出没。”

“我们一直秉承‘绿色低碳码头’可持续发展的理念。”汪沛说，光是油改电这一项，就让码头能源消耗强度下降50%以上，每年节约运营成本超过3000万元人民币。2016年蛇口码头获得中国港口协会“四星级”中国绿色港口称号，是华南地区唯一一个，也是目前获评最高级别的中国绿色港口。

企业期盼更多制度改革红利

“即将运走的这一批货物，是深圳产的领歌手机，已经在eBay上接了订单，准备从我们的保税仓发往印度。”走进前海湾保税港区的保宏仓，大大小小的纸箱和塑料包裹堆满了货架。招商局保税物流有限公司副总经理朱晔向记者展示了出口货架区的一侧，大量的小米手机、传音手机、大象手机等电子产品已装箱等待送往品质检测中心接受检测。“这些产品在‘一带一路’沿线国家非常受欢迎，订单量增长迅猛。”朱晔说。

2017年7月，深圳海关“全球中心仓”改革在前海湾保税港区率先落地。“我们希望成为全球货物的集散地，不仅能做到一站式货物进出口与存储，还能在这里实现全球货品全球买卖。”朱晔介绍，“全球中心仓”

● 蛇口集装箱码头

构建起“一区多功能，一仓多形态”，能够满足企业同时供应国内海外两个市场、存在多种贸易方式的需求，实现全球货物在前海自贸区的集拼、调拨、混成，极大推动贸易的自由化、便利化。

朱晔说，物流高速运转的前提是信息流的顺畅。作为全国首个无纸化保税港区，前海湾保税港区通关无纸化率已超过95%。依靠互联网和大数据，企业足不出户，最快1小时便可完成货物通关。“正是得益于我们的创新通关模式和高效率物流服务，有些转移到东南亚国家的加工贸易企业，仍选择将货物运回到我们这完成物流中转。”

他特别提到，依托广东自贸试验区优势，前海湾保税港区还探索推进“深港陆空联运”改革。企业可在前海完成出口货物订舱、打板、安检等全部业务流程，相当于预先在前海候机楼“值机”，货物运抵香港机场后便可直接“登机”，大大提高物流效率。

但朱晔也谈到，这项制度创新在推广过程中也遇到了一些问题。因香港机场安检升级，“深港陆空联运”不得不暂缓实施。“这反映出我们与香港在突破体制机制障碍、促进人流物流信息流自由流通方面仍须进一步加大改革力度。特别是在建设粤港澳大湾区的背景下，作为企业，我们希望能获得更多改革红利。”

共享发展才能走得长远

从招商局港口大厦25楼的落地玻璃向海边远眺，“海上世界”明华轮、女娲补天像、南海酒店、时间广场……这些承载着蛇口30多年发展印记的地标符号尽收眼底。

“从成立之日起，招商局就带有向外学习、对外开放的基因。”招商局港口控股有限公司副总经理李玉彬说。他给记者展示了一幅世界地图，上面标注了该公司在全球开发运营的港口布局，这些港口大部分位于“一带一路”沿线国家。

李玉彬说，2008年，招商局港口公司开始布局海外战略。经过十年发展，已遍布全球六大洲18个国家，这也为当地带来了大量的就业岗位。

招商局港口公司的一位工作人员告诉记者，在不少“一带一路”沿线国家，能在招商局港口工作会被视为一份体面的工作。而在部分非洲国家，佩戴港口工作证到银行办理业务，甚至可以享受VIP服务。

岸桥教练张学强在蛇口集装箱码头工作了18年。回顾职业生涯，令

深圳前海湾保税港区

他颇为骄傲的就是参与了为“一带一路”沿线国家港口培养技术工人的工作。“那是招商局的斯里兰卡项目，我们一共培养了12名岸桥司机，外加一批现场的工作领班。”张学强说。

在与沿线国家合作的过程中，招商局港口输出的不仅仅是技术、人才，还有模式和文化。

李玉彬说，招商局港口一直在探索“港产城”的综合开发模式，通过建设港口、工业区，再围绕和依托港口、工业区发展城市。这种“前港—中区—后城”的发展模式也叫蛇口4.0模式。目前，招商局港口公司已经在非洲吉布提、亚洲斯里兰卡的科伦坡和哈曼吐坦等地试点，进行综合开发。

2018年是“一带一路”倡议提出的第五个年头。招商局蛇口将如何发力？

“我们深信并坚持共商、共建、共享的全球治理理念。”李玉彬说，招商局港口公司将沿着“一带一路”继续完善全球港口布局，“到海外的任何一个国家，要和他们共享发展的成果，这是我们一直遵循的基本原则。只有和当地的政府、企业结成命运共同体，才能走得长远。”

【声音】

我从1989年开港就在码头工作，从当初的几十个人到1000多人，从2个码头泊位到10个泊位，从几台到几十台岸桥、100多台场桥，码头不断发展壮大，效益和效率不断提高，我为见证了港口近30年的发展感到骄傲。

——蛇口集装箱码头操作部场桥司机 王景友

为什么说蛇口集装箱码头是招商局港口的“黄埔军校”？在这里，我们累积了大量的现代化港口管理的经验，培养出一大批港口管理的精英，他们被派往“一带一路”沿线港口地区，成为当地的骨干。从当年“引进来”，与外企积极展开合作，到如今“走出去”，向全世界输送港口管理和技术人才，蛇口集装箱码头用行动践行着“一带一路”倡议。

——招商局港口控股有限公司副总经理 李玉彬

从24小时通关、关检三合一、口岸直通车、无纸化办公、先入区后报关等口岸监管便利措施，到如今走在全国前列的全球中心仓、“深港陆空联运”等一系列改革创新，前海湾保税港区希望通过改革创新，在改革开放、“一带一路”中作出自己的贡献。

——招商局保税物流有限公司副总经理 朱晔

（2018年4月13日）

奋力实现“四个走在全国前列”深调研

“形成全面开放新格局”调研小组成员

吴 哲 王佳欣 余嘉敏 彭奕菲 邵一弘 陈 晓

实习生：郭 钰 侯琳琳

关键词：绿色发展

乡长的考核表

从GDP到GEP
绿色指标守护美丽家园

“绿水青山就是金山银山。”绿色发展与高质量发展密不可分，共生共存。广东高度重视生态文明建设和环境保护，坚持绿色发展、生态优先，出台一系列全局性、战略性环保政策，以最严格的制度保护环境，确保在保持经济中高速增长的同时，也让“广东蓝”成为常态。

绿色发展依然任重道远。从环保督察发现的问题看，一些地方为了“金山银山”牺牲“绿水青山”，要速度不要质量的问题仍然存在。如何通过创新绿色发展体制机制，更好地保护生态环境，治理环境污染，更有效地推动绿色发展，推动经济高质量发展，正在成为未来发展亟须面对的新挑战。

【见闻】

时间：2018年4月3日至4日、4月11日

地点：广州市从化区吕田镇莲麻村，惠州市龙门县蓝田瑶族乡、地派镇

车驶入龙门地界，道路两旁的竹林郁郁葱葱，摇曳生姿。“看到了吗？这些竹子是农民自己种的，守护好自己身边的绿水青山，融入了村民们的生活。”带着我们一路调研的龙门县蓝田瑶族乡乡长林侨生说。

61分，离优秀等级仅二分之遥，林侨生深知自己在新的一年还要加倍努力。所幸的是，在58项关于乡长目标责任考核评价指标中，9项关于绿色发展的考核指标均达标，有些还获得好评。

在他看来，守住绿水青山，是每位蓝田瑶族乡乡干部应尽的责任。

林侨生自豪地带着我们去看乡里的“宝贝”。在离上东村不到200米的山头上，虬枝盘旋，百年古树林立。作为广东省森林小镇，龙门县蓝田瑶族乡森林覆盖率达90%，拥有极其丰富的生态资源，百岁以上的古树多达1041棵。在蓝田瑶族乡上东村，200年以上树龄的古树超300棵。“这些都是大自然留给我们的宝贝啊！”在林侨生看来，这些生态资源是蓝田乡的生命之源，也是生产力。

我们在调研中发现，龙门县的龙潭、地派、蓝田、密溪等几个西、北部乡镇，被列入生态保护和旅游发展区，针对这些区域，龙门县采取弱化GDP，强化GEP（生态系统生产总值）的考核机制。

林侨生拿出龙门县乡镇一级的乡长考核表，细数与绿色发展相关的指标，包括重大环保事故、节能降耗、主要污染物总量减排完成率、新农村建设、城镇生活污水处理率、城镇生活垃圾无害化处理率、森林覆盖率、生态示范创建、美丽乡村“三大行动”等9项，其中前三项均采取一票否决制。

矮陂河段的“河长”，是林侨生的另一个身份。每月他至少要去该河段巡查一次，发现污染问题及时上报。这项工作任务，同样列入考核范围之内。

“压力确实有！”面对严格的绿色考核，林侨生深感肩负重任，但对完成任务仍颇有信心，“绿色发展关系到每个人，大家的环保意识越来越强，我的工作也越来越好做。”

在GEP达标的同时，蓝田瑶族乡的经济发展也没有停下脚步，这其中不乏工业的贡献。在惠州产业转移工业园区内，逾1200亩土地划归蓝田瑶族乡用于招商引资，根据县政府制定的相关配套政策，蓝田瑶族乡招商引资入园的企业，所产生的效益计入该乡产值和税收范围。

机制的创新解决了地方官员的后顾之忧，逐步扭转简单以GDP增长率论英雄的政绩导向，真正实现高质量发展。

在从化调研时，一些当地干部则告诉我们，从化在2017年就提出，严格执行主体功能定位，划定生态控制线、生态保护红线，完善347平方公里禁建区保护政策，北部三镇坚决不上工业项目。

生态文明建设体制机制的探索才刚刚开始，绿色考核如何细化、落到实处，仍然是需要进一步回应的命题。正如国务院发展研究中心原副主任、中国发展研究基金会副理事长刘世锦在接受采访时所说，高质量发展需要从决策者到普遍民众形成新的发展共识，特别是确立新的评价考核体

百年的参天古树是龙门的宝贝

爱树民宿的书房，成为一处摆拍胜地

系。相应地，把GDP更多地作为一个预测性、结果性指标。

在离蓝田瑶族乡约20公里外的地派镇渡头村，谢炜添在自己家乡创办的民宿内忙里忙外。自开业以来，民宿逢节假日就客满，人手不足时，只能自己顶上。

绿草如茵的院落、精致雅观的客家建筑，这家民宿颇具几分“网红”气质。“来这里发发呆也很好。”来自广州的冯小姐休假和朋友来到这里。很多客人选择这里，是因为喜欢乡村田园的恬静空间，可以呼吸清新的空气、枕着蛙声入眠。

“家乡的好山好水圆了我一个乡村田园梦。”30岁出头的龙门人谢炜添算得上是一名资深创业者。学园林出身的他曾在广州、深圳、北京等城市打拼过，在房地产行业赚到第一桶金后开始创业，爱树民宿项目是其中之一。

3年前，这里是废弃的农舍，杂草丛生。“民宿创办牵涉到国土、住建、旅游等多个部门，需要沟通与协调的环节很多。”谢炜添坦言，宽松的营商环境和灵活的协调机制，为民宿业的成长提供了有利条件。

龙门县旅游局局长张鸿升说，民宿是发展乡村旅游、实现绿色发展的重要一环，需要支持和鼓励。自2017年底以来，龙门县启动全县星级农家乐和星级“龙门客栈”的评定，最高可获3万元奖励。

目前，“龙门客栈”还注册了版权专利。在张鸿升看来，规范化、标准化的管理，是构建绿色发展体制机制的一种途径，也是经济高质量发展的要求。

在广州市从化区吕田镇莲麻村，村民潘志伟也是回乡开民宿的创业者之一。“这几年，日子越来越红火。”潘志伟充满信心。从前的他，开着货车于广清两地奔走为陶瓷厂拉泥土；而现在，他专心接待体验绿色生态的珠三角游客。每到周末，他家的“霞湾阁”民宿门庭若市、客流爆满。

在这里，绿水青山正在变成金山银山，美丽风景变成人们的内心追求，融入人们的生活。

以绿色发展为引领，《莲麻村规民约》《莲麻村人居环境治理村民家庭内部卫生评比奖励办法》等乡规民约相继出台。“从处理被丢弃的垃圾，到引进一家企业，村民都会一起坐下来，议一议。”莲麻村村支书潘安娜说，企业是否符合本村发展需求，是否能形成产业链互补，是否能跟村里的资源禀赋结合等，是村民代表最为关注的问题。

在潘安娜看来，面向高质量发展的目标，面向乡村振兴的要求，莲麻村还面临着诸多挑战。如何丰富乡村经济的业态、提升绿色发展的含金量，如何让绿色生活方式成为每一个村民的自觉，都是潘安娜等基层干部在思考的问题。

而像谢炜添这样怀揣创业梦想的民宿老板，也面临着困惑。我们在调研中发现，虽然不少村民推动绿色发展、建设民宿的意愿很足，但是面临着一些体制机制的障碍。比如，乡村民宿租用的是农村宅基地，难以办理消防手续，配套政策也相对滞后。在民宿业发展配套政策上，浙江出台《关于确定民宿范围和条件的指导意见》，对民宿的消防安全有相应的规定，广东相应政策尚处空白。

以新的更大作为实现“四个走在全国前列”，从化、龙门等地正在描绘一幅更新更美的图画。

【声音】

坚持以龙门一域服务发展全局，着力推动龙门成为广东推动区域协调发展的战略支点，走在广东省山区县域发展前列，奋力谱写“五位一体”协调发展生态文明建设示范县新篇章。加快形成促进绿色发展的体制机制，健全完善生态补偿制度，完善落实GDP与GEP“双核算、双运行”制度体系，提高绿色发展水平。

——龙门县委书记 陈伟良

绿色发展关系到每个人，保护好生态就等于保护好家园。把绿色发展理念实实在在贯彻到具体工作中来，就是守护并建设好美丽家园。

——龙门县蓝田瑶族乡党委副书记、乡长 林侨生

生态环境变好了，村民身体也更健康了。我在村里的卫生站工作，这几年感冒发烧等常见病发病率不断降低，能明显感觉到好的生态环境给村

经过污水处理器处理过的水在蓄水槽中等待用于灌溉良田

民直接带来的好处。

——蓝田瑶族乡东头村村民 刘光明

民宿建起来以后，我们村人气越来越旺，土特产也有销路了，也有一些村民像我一样在民宿里工作，有一份稳定的收入。之所以民宿这么火，是因为这里能提供都市所没有的生态环境。把绿色产业引进来，既可以提高村民收入，还可以把我们村具有特色的人文历史宣传出去，吸引更多的人走进来，享受这里的好空气、好环境。

——龙门县地派镇渡头村村民 刘许敏

（2018年4月17日）

奋力实现“四个走在全国前列”深调研

“构建推动经济高质量发展体制机制”调研小组成员

周人杲　郑佳欣　朱伟良　马　华

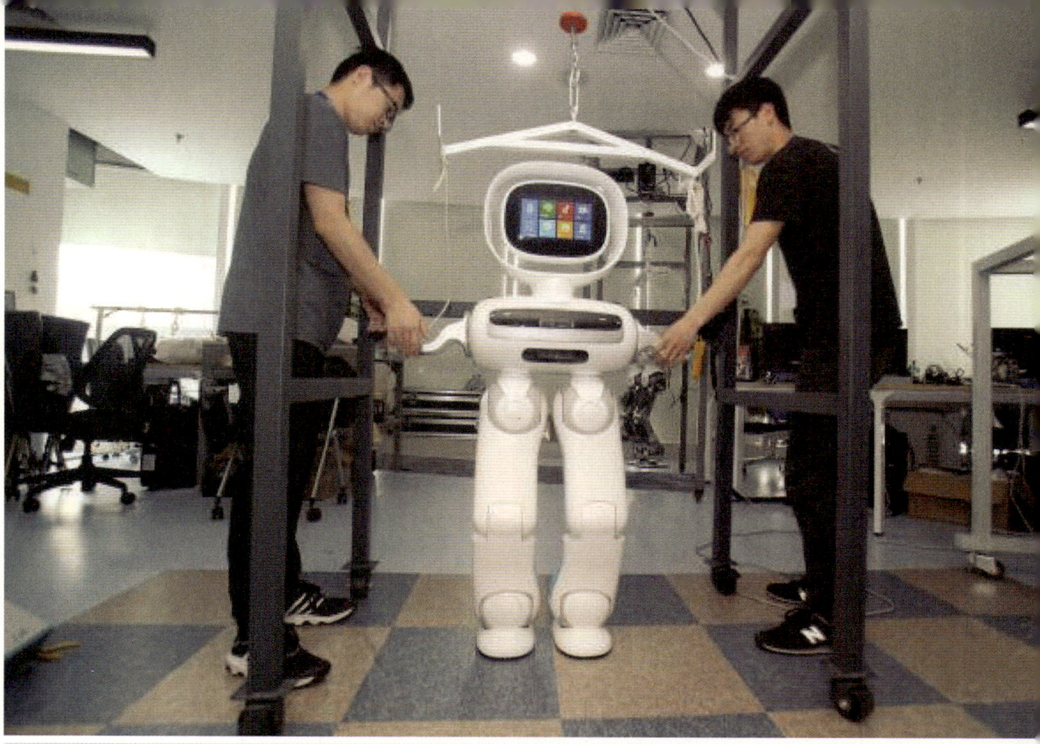

▶ 关键词：独角兽

解码广东独角兽成长的基因图谱

独角兽的成功离不开创新的土壤

2013年，美国投资人Aileen Lee将市场上成立时间不超过10年、估值超过10亿美元的创业公司统称为“独角兽”。“独角兽”一词最早流行于美国，迅速在全球传播。

2018年3月，由长城战略咨询、科技部火炬中心和中关村管委会联合发布的《2017年中国独角兽企业榜单》显示，2017年中国独角兽企业新晋62家共164家，总估值6284亿美元。从地域看，北京以70家居首，广东共有19家独角兽企业上榜。

【见闻】

时间：2018年4月13日至16日

地点：深圳市南山智园、高新区联合总部大厦

习近平总书记参加十三届全国人大一次会议广东代表团审议时强调，“科技创新是建设现代化产业体系的战略支撑”“要培育更多具有自主知识产权和核心竞争力的创新型企业”。

作为创新型企业的代表，越来越多的独角兽企业在南粤大地上涌现，成为推动广东经济新旧动能转换的强劲引擎。记者深入优必选科技、奥比中光、柔宇科技等独角兽代表企业调研，解码广东独角兽成长的创新基因图谱。

快速成长源于掌握核心技术

走进优必选科技有限公司位于深圳市南山智园的研发中心，仿佛进入了机器人的王国。

“研发人员几乎人手一台测试机器人，随时测试。”优必选副总裁和研究院执行院长庞建新告诉记者，在优必选，研发人员占比超过40%。

优必选仅用了短短6年时间，成长为估值超过40亿美元的独角兽企业，也是国内首家实现人形机器人商业化的公司。

在该公司，记者也看到了2018年1月的CES（美国电子消费展）上首次亮相的双足机器人Walker。优必选创始人兼首席执行官周剑对记者说：“双足机器人打破了轮式机器人只能在平地移动的限制，可以上下楼梯，多项技术达到了世界顶尖水平，迈出了人形机器人走进家庭的重要一步。”

目前，全球做人形机器人的企业总数在3—4家，尤其是操控人形机器人关节的伺服舵机技术突破更是少之又少。“优必选不仅实现了核心技术——伺服舵机技术自主研发，还做到了商业化落地，大规模量产。”周剑说，优必选打破了国外企业的垄断，把价格降到了几十分之一，而这也

成为它快速实现商业化的基础。

从南山智园向南出发，大约30分钟车程，位于高新区联合总部大厦的是另外一家独角兽企业——奥比中光科技有限公司。

记者站在公司自主研发的3D试衣间里，2秒钟后近百项数据全部在后台呈现。数据可直接传送到合作企业，直接用于生产。在展厅里，记者还看到，3D传感技术应用在多个领域：机器人、智能家居、汽车辅助驾驶、3D刷脸支付、体感沉浸式游戏……

成立于2013年的奥比中光，两年后自主研发的3D传感摄像头正式量产。由此，奥比中光成为亚洲唯一量产消费级3D传感器的公司，也是继苹果、微软、英特尔之后的全球第四家。

奥比中光快速成长为独角兽的秘诀是什么？奥比中光财务副总裁陈彬认为，一方面，公司创始人团队是“世界级”。光学测量专业的顶尖人才十分稀缺，两位创始人恰恰就是这一领域的带头人才。另一方面，产品中最核心的3D传感光学设计、深度算法开发、芯片设计、SDK等技术都是完全自主开发的。自成立以来，公司已申请国内外专利360余件。

迈普科技的生物3D打印机

创业初期需要政府的扶持

记者走访优必选、奥比中光所在的深圳湾园区，几乎都是科技创新企业。“优必选的成功离不开广东的创新土壤以及供应链支持。”在周剑看来，深圳是人工智能研发与硬件结合的最佳场地，“从上游的元器件供应商，到初级的模块提供商，再到下游的代工厂，一个硬件创业者在广东可以轻松实现所有环节的连接。只要你有idea，在这里就能实现。”

多次被奥比中光提及的“孔雀计划”，则是深圳在2010年推出的引进高技术人才项目。“2014年，奥比中光获得‘孔雀计划’第一名，除了得到4000万元的专项资助，还享受到了很多配套服务。”陈彬认为，创业初期企业缺资金、缺宣传、缺人才，需要地方政府给予一定的政策扶持，这也是营商环境的重要部分。

深圳的“孔雀计划”，只是广东省积极推动创新驱动发展战略的一个缩影。在各项人才政策的作用下，在引才育才的环境召唤下，广东正在形成一种“磁场效应”，海内外的高层次人才纷纷被吸引而来。

【记者快评】

筑巢引凤　“巢”的作用日益凸显

深圳高新区内，雄踞着多家独角兽企业；“土壤”“生态”“环境”成为独角兽企业创始人口中的高频词……不难看出，筑巢引凤，“巢”的作用日益凸显。

现代化经济体系的建设离不开人才战略的贯彻实施，以改革开放为契机的广东发展史从根本上来说，也是一部各类人才汇聚广东的奋斗史。

在创新型企业如雨后春笋般涌现的当前，广东人才发展的体制机制尚不能完全适应经济社会发展的新需要。突出表现为：高层次创新创业人才相对缺乏，人才市场化改革有待深化，人才公共政策亟须创新，人才生活环境有待进一步优化。而在诸多问题之中，人才生活环境有待进一步优化又是其他各项人才战略规划执行的前提条件，“衣食住行”可能是人才定居更现实也更关键的因素。因此，可以毫不讳言地说，优化人才生活环境是广东当前人才战略贯彻执行的重中之重。

广州、深圳等一线城市已经意识到这个问题，纷纷大力发展住房租赁市场，为青年才俊来追逐梦想、创业安居进行托底。

建立多层次资本市场体系

一面是风险资本排队投资独角兽企业，一面是新兴创新型企业融资难。面对记者的提问，风险投资机构毫不讳言这种“两个极端”的现象。

规模小、利润薄、财务制度不规范、缺少贷款抵押物……不少独角兽企业回顾自身的初创时期，都感慨资本的力量。

只有多层次资本市场，资本市场配合创新的多种业务模式、风险偏好等，提供多层次的金融服务，创新型企业才有更多出路。

实际上，构建多层次资本市场已经是老生常谈，但除交易所和银行间市场以外，其他层次的发展一直停滞不前，相关的交易品种创新也比较缓慢。2012年开始，以新三板为代表的场外市场发展进入提速阶段，区域股权市场和券商柜台市场的发展雏形开始显现。

未来，逐步完善包括主板、中小板、创业板在内的场内市场以及包括全国股转系统和地方区域性市场在内的场外市场，建立多层次资本市场体系，将成为创业创新的重要支撑。

【延伸】

广东风险投资市场活跃　有助创新企业前期发展

除了自身独特基因外，在这些明星独角兽企业背后，往往有一股重要

● 研发人员与优必选Cruzr机器人握手

力量——活跃的风险资本。

“科创企业初创期，没有资产、没有财务报表，只能靠风险投资。”陈彬结合奥比中光的发展历程谈道。

同样的经历，也发生在金融独角兽企业——随手科技身上。“一路走来，我们先后获得了红杉资本、复星锐正资本的支持。2017年10月，公司又获得了2亿美元新一轮融资。”随手科技创始人谷风认为，广东风险投资活跃，对创新企业前期发展很重要。

记者注意到，奥比中光、华大基因、柔宇科技……在这些明星独角兽企业的天使投资人名单中，都有松禾资本的身影。作为本土创业投资机构之一，松禾资本目前管理资金规模过百亿元，成立涵盖企业全生命周期的专项投资基金21只，已投资规模超过70亿元，累计投资项目388个。

数据显示，近年来广东创业投资、风险投资迅速发展。省金融办的调查显示，截至2017年末，广东省在中国证券投资基金业协会备案私募股权及创投机构共计2977家，管理资本11047.86亿元（据管理基金净资产计）。与此同时，广东省还设立了19只科技风险补偿基金，资金池达6.49亿元。

【声音】

得益于近30年的中国制造业经验积累、大规模产业集群效应、中国对人工智能机器人行业的政策支持，我相信包括优必选在内的独角兽企业有机会与国际顶尖机器人企业一较高下。

——优必选创始人兼CEO 周剑

柔宇有幸成为独角兽企业，主要得益于“天时、地利、人和”。天时是，国家政策、产业以及资本三方的大势所趋；地利是，公司创立于香港、深圳和硅谷，结合了不同地区的不可替代优势；人和是，国际化人才团队来自15个国家和地区。

——柔宇科技副总裁 邹翔

相对于独角兽的概念，我们更关注企业以及行业的发展。企业是否有核心技术、行业市场规模是否足够大，基于这两点判断去做投资。

——松禾资本董事总经理 冯华

独角兽企业一个很好的经验是：将前沿技术与市场需求相互契合。独角兽企业是一股新兴力量，对于广东产业转型升级而言既是机遇也是风险。

——广州市社科院高级研究员 彭澎

（2018年4月18日）

奋力实现“四个走在全国前列”深调研

“建设现代化经济体系”调研小组成员

彭 琳 袁佩如 李 赫 郭家轩 杜 艳 崔 璨

▶ 关键词：乡村振兴

乡村振兴、乡村治理过程中如何用好乡贤力量？

在党的领导下让乡贤与乡亲形成合力

在中国快速发展的城市化进程中，大量农村人洗脚上田，融入城市发展大潮，经济社会结构发生深刻变化。一批农村人通过发挥勤劳智慧取得了成功，成为乡亲们眼中的乡贤。而“乡贤”二字又饱含着乡亲们的期待，期待他们反哺家乡。党的十九大报告提出，要实施乡村振兴战略。乡村振兴需要凝聚各方力量，近年来，广东各地积极探索乡贤咨询委员会、村民理事会等创新机制，搭建乡贤与乡村有机融合的平台，凝聚乡贤、村民等内生力量，着力解决乡村治理难题。

【见闻】

时间：2018年4月10日至12日

地点：潮州市潮安区归湖镇狮峰村、湘桥区桥东街道社光村、枫溪区路西街道詹厝村、饶平县樟溪镇英粉村、饶平县新丰镇枫树桥村

走进饶平县新丰镇枫树桥村，一个充满欧式风情的“枫树桥新村”格外引人注目。步入新村，25栋别墅依山而建，整齐排列。

新村主要靠乡贤捐建。几年前，返乡过节的乡贤发现，祖屋越来越陈旧，无法居住。“人虽回到村里，却住在酒店！”有老人不禁感叹，“出生长大的地方，难道不要了吗？”

老人之问刺痛了乡贤张先生的神经。“我们不仅要把村里建好，还要让子孙后代都想回来……”在张先生的沟通协调下，一场由乡贤力量推动的新农村建设行动悄然展开。截至目前，25套别墅已建成并完成分配。

乡贤力量融入乡村振兴，在南粤大地越来越普遍。

然而近年来，不少地区出现“爱心遭破坏，寒了乡贤心”的情况。如何通过创新乡村治理机制，调动起村庄的内生动力，将乡贤对家乡的爱有序地转化为乡村振兴的合力，形成共建共治共享的乡村治理格局？对此，调研组走进乡贤众多的潮州，探寻凝聚乡贤力量的秘密。

乡贤力量融入乡村振兴

乡贤张先生名叫张江汉。20世纪80年代末，枫树桥村生活艰苦，张江汉外出闯荡，并干出一番事业。

村支书张环说，当了19年村干部，他十分清楚，如果没有张江汉出力，就没有枫树桥新村，“村集体年收入仅约3万元，维持基本运转都不够。”

张环说，为了解决村里脏乱差等问题，在政府的引导下，村里积极争取乡贤支持，“村里的旧房改造等费用，全部来自乡贤的捐资”。

这只是潮汕乡贤助力乡村振兴的一个缩影。

在潮安区归湖镇狮峰村，村支书李统伟就是村民眼中的乡贤。早年在水产养殖业摸爬滚打的他，如今已建立起龙头企业，是村民眼中的发展能手。

李统伟虽然致富了，但老家仍然落后。4年前，镇里和村里都找到他，希望他回去带领老家发展。明知“村干部不好当”的李统伟，将企业交给儿子，返乡支持家乡建设。

在李统伟的带领下，乡贤纷纷出钱出力，支持家乡新农村建设。目前狮峰村的乡贤捐资达50多万元。村里的环境整洁了，大家又谋划发展乡村旅游。

有着51年党龄的蔡建英老人对此竖起大拇指：“村里选了个好支书，选了个好乡贤！”

乡贤出力，带动村民，村庄内生动力被激发。

在枫溪区詹厝村牌坊边，一块巨大的芳名碑赫然矗立。近年来，乡贤与村民的捐资超过千万元，成为新农村建设的主要力量。

如何凝聚乡贤等生力军力量，成为乡村振兴的当务之急。

“乡贤的力量不可或缺！”饶平县樟溪镇党委书记陈创阳认为，引导发挥好乡贤在乡村振兴、基层治理中的作用，可以凝聚乡村向心力，解决

潮州市枫溪区詹厝村是昔日被点名批评的“问题村”，如今已变为远近闻名的“文明村”

乡村振兴中的人才、资金、信息等紧缺问题。

引导各方力量有序参与乡村治理

乡贤参与乡村治理也要讲规矩，成为有序的、正向的力量。近年来，潮州通过建立乡贤咨询委员会等措施，引导乡贤有序参与乡村治理。

位于韩江北溪之畔的湘桥区桥东街道社光村，是典型的城乡接合部，长期以来，为了招揽生意，街边小贩乱搭乱建严重，卫生环境很差。

面对这一“顽疾”，2017年7月，村里组织乡贤召开联谊会，邀请年轻人、年长者、公务员、企业老板等人士商讨新农村建设之策。

经过沟通，大家十分认可新农村建设，“你1万，我1万，捐款很踊跃。”村支书陈金中带头做亲戚工作，4个亲戚先后拆除了养猪场。民间组织“老人组”也出动做村民工作，合力整治乡村环境，拆除危房4处200多平方米、猪舍300多个、牛棚6处190多平方米。

拆旧建新的很大部分资金是乡贤捐的。在陈金中看来，各方力量有序参与乡村建设和发展，是新农村建设源源不断的动力。

社光小学退休校长丁镇全认为，乡贤捐的每一分钱，都必须公开透明使用。在社光村，乡贤代表一同参与捐款的管理和使用，每个项目经村党

● 潮州市湘桥区桥东街道社光村，村“两委”凝聚各方力量推进新农村建设，村委会旧地改建为困难群体的保障性住房

支部和村委会讨论后，乡贤代表和企业代表还要审核签字，并进行公示。

坚持党的领导补缺位不越位

近年来，以问题为导向，广东各地积极探索农村基层治理创新，通过建立村民理事会、党群理事会等举措，完善乡村治理的不足。梳理这些探索可发现，引导乡贤力量参与乡村治理已成时代共识。那么，乡贤参与治理的边界在哪里？与基层党建、村民自治之间如何互补而不越位？实践得出的答案是：必须首先坚持党的领导！

记者走访发现，在各地探索的乡贤参与治理的平台中，大部分由村党支部书记牵头，村支书还负责平台的运行和监督，很多有威望的党员干部也在其中。

“坚持大党建为统领，加强基层党组织建设。”陈创阳认为，要引导好发挥好乡贤力量，关键要有一个战斗力过硬的基层党组织。为此，樟溪镇开展了“党建扫盲”工程，结合“六乱”整治、危房改造、脱贫攻坚、新农村建设等实际工作，以基层党支部为主体，党员干部带头、乡贤出力、群众参与，基层党支部的战斗力得到有效提升。

正是得益于基层党建，昔日被点名批评的詹厝村，如今已变为远近闻名的“文明村”。违建被拆、池塘被清、村道通了、公园建起来了……“这任村书记敢碰硬，敢作为！”赞叹之语在村里流传，村党支部越来越有威信。

【记者快评】

“参与”让乡贤与乡亲形成合力

乡贤是乡村振兴中一支不可或缺的生力军，引导乡贤力量有序参与乡村治理，营造农村共建共治共享的社会治理格局，是确保乡村振兴战略落地的重要保障。事实上，基层利益多元复杂，无论是乡贤还是政府，在向乡村提供资金、资源时，还须发动村民参与这些资金、资源的使用规划，发表自己的意见，共享成果，才能更好调动村民的积极性，让村民珍惜这些“外来之财”。

“不是有钱就可以把村里的事办好，一定要协调各方力量有序参与进来。”枫树桥新村项目负责人告诉记者，在别墅规划建设过程中，他们充分尊重村民的意见，“仅规划设计就换了十多次。”该负责人说，以别墅坐向为例，农村人比较有讲究，别墅区原本想设计成半围形，有些房子朝东南，有些朝西北，不少人就提出异议，最终所有房子都统一坐向。

“参与”是让各方力量在互动中充分表达、协调利益诉求，也在互动中让每个人的智慧得到发挥、尊严得到尊重。有序参与才能让乡贤与乡亲形成乡村振兴的合力。

【声音】

坚持以党建为统领，以增强基层党组织政治领导力为着力点和突破口，大力完善党委领导、政府负责、社会协同、公众参与、法治保障的协同善治机制，调动全社会参与社会治理的积极性，使基层干部、普通群众既有获得感，又有满足感，逐步形成共建共治共享的新格局。

——潮州市委书记 刘小涛

加强基层党建要和实际工作的落实结合起来，让基层党员干部在落实工作中树立威信，切实提高基层党组织的战斗力，才能确保党对乡贤治理的领导。

——潮州市饶平县樟溪镇党委书记 陈创阳

实现乡村振兴，要坚持政府引导、乡贤出力、村民参与，充分调动乡村振兴的各个群体的积极性，联动共建共治，最终实现共享的目的。

——潮州市湘桥区桥东街道社光村支书 陈金中

饶平县樟溪镇英粉村村民、村干部、乡贤代表接受采访

既要通过老人组、乡贤咨询委员会等广泛吸纳乡贤力量，也要维护好乡贤爱心，要将各种复杂问题在沟通协商中解决，不能伤了乡贤的心。

——潮州市湘桥区桥东街道社光村村民 丁利光

村里的公益事业，大家都愿意支持，关键要真心为村里发展。每个人能力有大小，但大家合力，力量就大。

——潮州市潮安区归湖镇狮峰村乡贤代表 李伟群

（2018年4月19日）

奋力实现“四个走在全国前列”深调研

“营造共建共治共享的社会治理格局”调研小组成员

汤凯锋 廖奕文 赵 杨 朱红鲜 苏仕日 肖 雄

实习生：董梓浩 通讯员：陈 榆

▶ 关键词：广交会

“逆全球化”浪潮下，“中国第一展”如何转型？

加快培育贸易新业态新模式

全称为“中国进出口商品交易会”的广交会，一直被视为中国外贸进出口的“晴雨表”和“风向标”。2018年正在举行的广交会已是第123届。从1957年的来自19个国家和地区的1223名客商，到如今来自210多个国家和地区的近20万名国际采购商，广交会是名副其实的“中国第一展”。从会期改革、展馆搬迁到增设进口展区，广交会的每次升级，都是以开放促改革、以改革促开放的实践缩影。

【见闻】

时间：2018年4月15日至19日

地点：广州市琶洲会展中心

习近平总书记参加十三届全国人大一次会议广东代表团审议时强调，“要以更宽广的视野、更高的目标要求、更有力的举措推动全面开放，加快发展更高层次的开放型经济，加快培育贸易新业态新模式”。

正值2018年春交会一期举行，南方日报奋力实现“四个走在全国前列”深调研小组来到琶洲会展中心，与广东外贸企业、来自世界各地的客商深入交谈，探讨在“逆全球化”浪潮兴起的大背景下，广东如何积极开拓国际市场，加快培育贸易新业态新模式，为推进贸易强国建设作出更大贡献。

市场结构单一藏巨大风险

机械快速运转的轰鸣声中，记者走进广交会大型机械及设备展区，展位之间的通道挤满了肤色各异的采购商。仅一个上午，广东大族粤铭激光集团股份有限公司海外销售经理刘旭辉和同事已接待了200多名客商。

“广东制造越来越受新兴市场青睐。我们能在最短时间内做好订制化产品，让客户试用。”深圳市拓日新能源科技股份有限公司海外部负责人陈莉丽告诉记者，新兴市场接受太阳能产品需要一段过程，为了打消客户疑虑，该公司根据不同客户需求设计出不同的“试用品”，如今非洲不少消费者都成了“回头客”。

但几年前，情况并非这样乐观。陈莉丽回忆，过去欧美曾对华光伏产品实行“双反”（反倾销、反补贴）调查，导致行业大受冲击。“我们总结经验教训，逐步将市场分散到全球更大范围。近年‘一带一路’市场开拓为企业提供了巨大商机。”

谈及市场结构单一的风险，广东金意陶陶瓷集团海外销售经理刘妍妍深有感触。该公司吸取这一教训，近年来发展重点已转向“一带一路”市场，在沿线开设10多个营销点，近期还将扩展到20多个。

期盼开放力度进一步加大

循着采购商的脚步，记者“转战”进口展区，发现该展区大部分企业负责人都能讲一口流利的普通话。“2017年中国市场的业务增长达到60%以上，是我们公司最大的出口地。”韩国酷晨公司中国市场部负责人全美告诉记者。

日本TIME LAB公司负责人小口洋子已连续5年来到广交会。“中国市场消费力惊人。”小口洋子感叹，“在广交会上，单是小型美容产品销售额就比2017年增长了30%。”

TIME LAB公司展位对面，英国知名装饰照明设备制造商Stanley的展位负责人Gorse刚送走几位中国采购商。“上届广交会我认识了130个国家的友商，这次预计还会收获更多中国订单。”

在感叹中国市场商机巨大的同时，这些外国企业也期盼中国对外开放力度进一步加大。小口洋子说，除了关税高之外，美容产品进入中国的备案手续依然十分繁杂，整个流程耗时半年到一年。她希望，随着中国不断扩大进口，能适当降低准入门槛，并简化手续流程。

【记者快评】

在“一带一路”寻找新动力

转型时代，广交会参展企业和中国外贸早已不再是传统的“接单—代工—出口”模式。但低端模式转移留下的产业空白，仍待更高层次、更大附加值的新模式更迅速地支撑和填补。其中，最有效的手段就是新市场，“一带一路”沿线国家正是优选之地。

如何向“一带一路”沿线国家的相关产业无时限、跨地域推送中国企业创新产品和创新技术，如何以“最智慧”“最高效”的方式建立“一带一路”沿线国家贸易纽带，广交会还需要不断挖掘新的潜能。广东乃至中国外贸企业更需要加速转型升级，积极主动“走出去”，在沿线国家寻找自身做大做强的新动力。

传统展会如何与跨境电商互生共存？

在广交会上，记者发现，很多参展商的销售人员名片上都附上了“店铺二维码”。“一笔订单从洽谈到下单需要一定的时间，而很多采购商展会结束后就会回国，所以我们干脆直接提供网店信息，方便后续远程下单。”一家机床制造商工作人员告诉记者。

当前，跨境电商正席卷全球，企业“动动鼠标”即可线上完成国际贸易。以广交会为代表的传统展会又当如何应对？

在中国机电进出口商会相关负责人看来，跨境电商虽然便利，但广交会等传统展会在企业布局海外市场、寻找优质代理商等方面，仍有不可替代的重要作用。

连续6年参展的广东力王新能源股份有限公司董事长李维海说，广交

● 深调研团队在广交会展馆采访

会等传统展会与跨境电商是相辅相成的关系，共同服务企业开拓市场。“线上发布产品和公司介绍，线下则通过广交会发掘采购商。2017年，我们有500万美元订单是在广交会上获得的。两者并不矛盾。”

两者应融合发展

跨境电商近年的兴盛，并未明显冲击包括广交会在内的传统外贸展会。一方面是因为传统外贸展会的真正“对手”是种类繁多的专业展，以及自身参展企业在成本优势缩减后，对国外采购商吸引力的下降；另一方面是因为跨境电商体量太小，仅占外贸进出口总额的个位数份额，影响很有限。

然而，在时代机遇之下，跨境电商应是广交会等传统外贸平台转型升级的新抓手。近年来，广交会积极打造自主电商平台，已经取得一定成效。传统展会唯有主动与跨境电商等外贸新业态融合发展，才能主动应对市场变化，借力新技术条件实现外贸发展的新旧动能转换。

【声音】

2018年参加广交会有一个明显的变化，采购商都是带着目的来洽谈，不再是单纯地询价，而是要求产品必须能满足市场的具体需求。对于采购商来说，技术、质量、产业链是他们比起价格更为关注的部分，也是我们努力的方向。

——格兰仕外贸部销售副总监 冼嘉亮

我从2006年起连续参加了多届广交会。广交会是一个充满创意的展会，我在这里遇见许多客户和生意上的朋友，12年来我见证了中国科技和产品的不断更新迭代。

——德国采购商 Michael

广交会上产品的高端化、智能化趋势越来越明显。过去是摆产品，现在更多展示的是创新技术、生活场景，以及新技术如何让生活更美好的方式。

——美的集团副总裁 王建国

格力每年会在全球参加七八次行业内重要的智能制造展会，但广交会依然是我们最重要的品牌推广、产品发布的平台。

——格力电器海外销售公司副总经理 欧阳俊

（2018年4月20日）

奋力实现“四个走在全国前列”深调研

“形成全面开放新格局”调研小组成员

陈 晓 苏 力 吴 哲 唐子湉 王佳欣 李 赫 吴伟洪

实习生：侯琳琳

▶ 关键词：生态补偿

破题跨区域生态补偿

问湖那得清如许？

唯有坚持区域生态补偿体制机制的不断创新，实现粤东西北与珠三角地区的协调发展，才能切实推动经济高质量发展。党的十九大报告将“建立市场化、多元化生态补偿机制”列为重要改革内容。近年，国家试点的5条跨省区水质保护横向生态补偿的流域，3条涉及广东。与此同时，对省内跨市生态补偿的探索步伐也在不断加快，随着一系列体制机制不断创新，因生态保护而潜在的区域发展失调问题有望破局。

【见闻】

时间：2018年4月15日至23日

地点：万绿湖、东江流域河源段、河源南城污水处理厂、河源高新区海川科技

站在车水马龙的东江大桥北边举目远眺，从新丰江水库（万绿湖）涌来的东江最大支流新丰江和从江西缓缓南行的东江干流，就在记者前方交汇，两条江水的水质情况一目了然。

东江养育着下游数千万人口，同时担负着为香港同胞提供饮用水的责任，其水质保护问题一直备受关注。2016年，粤赣两省政府签署《东江流域上下游横向生态补偿协议》，正式建立东江流域上下游横向水环境补偿机制。试点实施一年多来，东江水质稳中向好，不过下游的广东河源市要提升这条母亲河的水质，压力仍然很大。

“四个走在全国前列”深调研小分队来到地处珠江支流东江流域中上游的河源，深入探访万绿湖和东江河源段水质保护情况，以及当地污水处理厂和企业对水环境保护的参与情况。

守护一湖清水：山区建起先进污水处理厂

东江发源于江西省寻乌县桠髻钵山，向西南流经河源龙川县、东源县和紫金县，再经惠州、东莞进入珠三角。

跨省流域的生态补偿，是大国生态治理的特有难题。河源市环保局一位副局长介绍，根据2016年粤赣签署的双向补偿协议，江西在上游两省交接的断面交给广东省的水只须符合地表三类水标准，但是根据广东省对河源的考核，当地在河源与惠州交界的断面交给下游的水必须符合地表二类水的标准。这意味着河源必须在境内把东江的整体水质提升一个级别。

“万绿湖的好水补充至关重要。”站在万绿湖的大坝边上，对着眼前370平方公里的湖面，环境监测员欧志海说，碧玉般的湖面和湖天一色的自然生态景观，总能让他忘掉一天的疲惫。

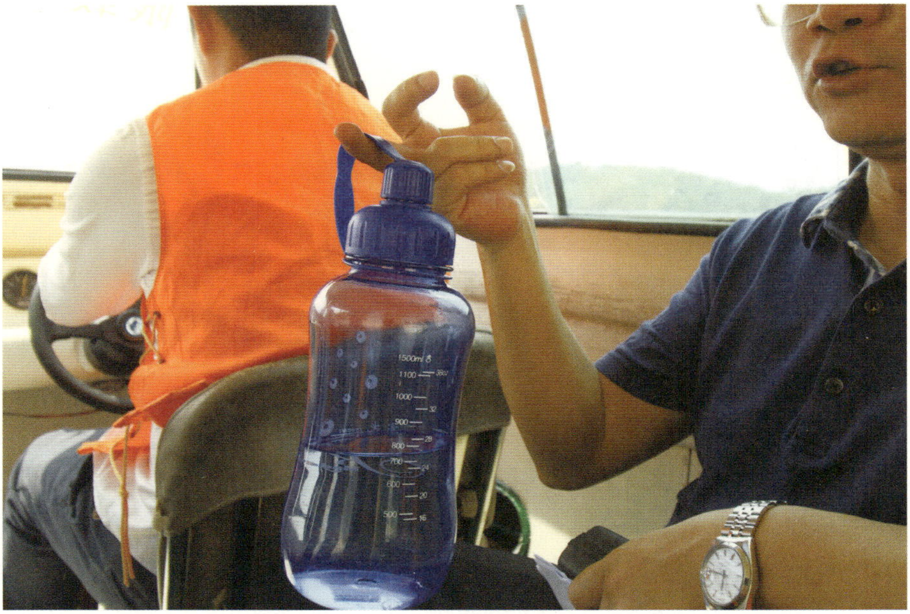

● 环保工作人员出来巡湖，随身带的水都要特别大瓶，因为一出来就是一整天

从10年前开始，欧志海与同事一起担负着对这湖“生命水”的看管责任。调研分队跟随他的团队一起坐船到万绿湖中央取样。到了目的地，欧志海从工具箱里拿出卫生手套戴上，熟练地把取水器抛入湖里取样，然后做好记录。同事杨文标则在一旁拉着标尺绳子检测水体的透明度。送检的结果对监测员来说毫无悬念——pH值、高锰酸盐指数、氨氮、总磷等各项指标全部达到地表一类的水质标准。

一湖清水的背后，一场生态保护的攻坚战持续多年。位于河源高新技术开发区高新一路的城南污水处理厂，自2009年正式投产运营以来，一直肩负着对老城石峡以南至埔前12平方公里范围内生活污水的净化处理重任。厂长李迪武带领全厂58名职工，把这套每日实际处理规模3万吨的污水处理系统，逐步打造成整个东江上游水体安全屏障的重要一环。

我们一踏进厂门，绕过3万平方米的湿地公园，一个被包裹在繁花似锦、绿草如茵的生态景观里的排水口映入眼帘。处理过后的水从管道流入池中，池底的瓷砖清晰可见。记者特意找来一个一升容量的玻璃杯，从池里装水放到鼻子旁边做了个深呼吸，感觉与纯净水无异。

一位参观过该处理厂的环保专家对记者感慨，当很多一线城市的污水处理厂还在努力提升时，没想到地处粤北山区的这家污水处理厂早已提前实现了污废水的资源再生利用。

坚持绿色发展：拒绝千亿元污染投资项目

沿着浩瀚的东江流域，从河源向南顺流200多公里，就进入了繁华的珠三角。2017年，河源的地区生产总值达到952.12亿元，而在下游，同饮一江水的惠州经济总量达到3830.58亿元，是前者的4倍多。

作为欠发达地区，河源市财政局有关负责人坦言，近年来，当地市委、市政府十分重视环境生态保护工作，每年在积极争取中央、省财政资金支持的同时，各级财政也不断加大环保投入，但由于地方财力薄弱，生态环境保护工作任务繁重，污染综合治理资金需求量缺口巨大。

在调研中，河源市、县的多位干部向记者表示，河源作为欠发达地区，长期以来都是把水质保护放在优先位置，不惜以牺牲经济发展速度为代价，工业经济发展受到较大限制，而且水质改善和保持的压力不断增大，资金投入需求量大。

据河源市发展改革委粗略统计，这些年河源先后拒绝500多个总投资额近1000亿元的重污染工业项目。一些干部和群众坦言，对水源地的百姓来说，希望有更多下游城市与他们一起合理分担保护水源的责任，同时能争取省里更多政策支持，把生态资源转变为助力地方转型发展的资本。

【记者快评】

探索生态补偿新机制

天蓝、地绿、水净是每个人都渴望的美好生活环境。为了满足欠发达地区追求经济发展和美好生活的需求，不让对水质安全有重要贡献的山区人民“吃亏”，近年来广东省委、省政府通过财政转移支付、对口帮扶和区域生态补偿等机制的不断创新，加大对粤东西北水源地所在市的支持，让上下游不同区域经济发展更加平衡、协调。

走访中记者看到，在落实跨省区上下游横向生态补偿方面，广东与广西、福建和江西签订的跨省合作协议起到明显成效，九洲江、汀江—韩江和东江这三条跨省的试点流域，水质均稳步向好。东江江西来水断面考核已稳定在地表三类水质。

这些试点的经验和机制创新的成果，何时能够被借鉴和应用到省内跨市区生态补偿的实践中来？这也是近期省政府召开的东江流域水环境综合整治及落实“河长制”工作会议重点讨论的问题。

横向生态补偿机制的核心价值，就是要在上下游建立“成本共担、效益共享、合作共治”的机制，让保护自然资源、提供良好生态产品的责任主体得到合理补偿，从而有效化解环境外部矛盾，更好地运用经济杠杆进行环境治理和生态保护，形成流域保护和治理的长效机制。

我们相信，伴随着体制机制的创新和经济高质量发展的深入推进，美丽广东将实现天更蓝、水更清、山更绿。

地表一类水的高品质，让每一个东江下游的城市居民都有机会喝一口真正的万绿湖水

【声音】

万绿湖是大自然赋予广东的财富。东江水能不能保护好，是河源的责任，也是整个流域内所有人的共同责任。

——河源市环境监测站工作人员 欧志海

桂闽赣的下游，就是广东的上游。为了把上游存在的环保压力就地化解，必须用上下游协作共治的办法来解决矛盾，而带有双向考核任务的补偿机制，是促进大家对水质保护形成合力的有效方式。

——广东省环保厅相关负责人

河源是水源地，我们的原则是不允许有一滴污水混入东江。希望全社会都来支持水源地建造更多高标准的污水处理厂，对东江水体形成有效的安全屏障。

——河源市市区城南污水处理厂厂长 李迪武

（2018年4月24日）

奋力实现“四个走在全国前列”深调研

“构建推动经济高质量发展体制机制”调研小组成员

冯善书 谢庆裕

通讯员：程学勇

关键词：智能制造

广东制造业如何实现蝶变?

“软硬兼施”推动智能化转型升级

制造业是国民经济的主体。当下，新一轮科技革命和产业变革，与我国加快转变经济发展方式形成了交会，传统制造业转型升级迫在眉睫。

而基于信息通信技术与先进制造技术的深度融合，贯穿于设计、生产、管理、服务等制造活动的各个环节，具有自感知、自学习、自决策、自执行、自适应等功能的智能制造，是满足未来制造业发展的主要方向，也是实现“中国制造2025”和“互联网+”两大战略的重要抓手。

按照规划，到2020年，智能制造发展基础和支撑能力明显增强，传统制造业重点领域基本实现数字化制造，有条件、有基础的重点产业智能转型取得明显进展；到2025年，智能制造支撑体系基本建立，重点产业初步实现智能转型。

【见闻】

时间：2018年4月17日至20日

地点：广州番禺广汽乘用车、佛山顺德美的

4月19日，位于广州番禺化龙的广汽乘用车生产线，每隔不到1分钟，就有一辆崭新的传祺汽车下线。实现如此高效生产，依靠的便是高度智能化的生产线。

类似广汽乘用车这样的智能化工厂，在广东传统制造业中并非个例。在距离广州番禺40多公里外的佛山顺德，传统大型家电生产工厂美的，同样的场景也在发生：机器人的高效运用，人机配合的最优化，向市场提供了高品质的产品，企业加速向科技集团发展。

可以说，广东传统制造业在新形势下，主动适应国家经济发展环境，以市场为导向，坚守品质、持续创新，持续深化供给侧结构性改革，全面构建智能制造体系，提高中高端供给，推动实现高质量发展，走出了一条可持续发展路径。

互联网+制造：要形成人机最优配合

传统制造业车间是怎样的？满地油污、零部件乱堆、噪声爆棚？

走进广汽乘用车第二总装生产线，记者发现没有一丝的杂乱：运送物料的AGV无人车在整个工厂里来回穿梭，自动完成零部件和车身组件的取件、搬运、上料。近200台机器人，根据不同的车型，不停歇地挥摆机械臂，各司其职，场面非常壮观。

广汽乘用车的这条智能生产线，搭载了信息物理融合系统，运用创新思维全力发展智能制造技术，实现生产线自动化、设备智能化以及物流信息化，通过网络可视化等信息互联技术实现操作简单化，最大限度提升效率，同时满足顾客个性化定制需求。

可以说，在自动化设备与数字化管理的推动下，传统制造业已经实现了真正的蝶变。

从广州番禺出发，顺着广明高速驱车一个小时便可到达佛山顺德。在这里，传统家电制造企业美的，同样在智能化的帮助下，进入全新发展阶段。

在美的厂房里，约50平方米的场地内，4台机器人“行走”有序，它们有条不紊地配合着，有的进行点到点传输，有的将重物起落升降。没有工人的四处走动，更没有搬运重物的艰难，“AIR-pick”机器人成为这里的主人。这样的场景，是美的智能物流的日常，更是其智能制造转型升级版图的一个缩影。

“很多人有误解，认为实现智能化就是买很多自动化设备，其实这样反而会增加生产成本。同时智能化也不是简单地减少员工，而是提升人的技术和技能，让人从事技术含量更高的部分，发挥人的更大价值，最终实现人机最佳结合，从而打造最大价值流。”广汽乘用车整车制造二部部长郭劲松表示。

“最早大家对智能制造的认识仅仅是机器人，认为有了装备就能实现智能制造。但装备没有输入是不会运转的。”美的集团精益改善高级工程师曾旻也表示，要实现真正智造，需要提升软、硬两方面实力，也就是精益化、数字化、自动化。

支撑智造孵化：关键是打造人才创新平台

然而，高度的智能化生产并非一蹴而就，各个产业之间也没有一个可以参考的转型路径，这就需要企业进行各种探索。

“没有信息化的系统打通，仅仅是机器人，谁来给指令？品质闭环如何保证？软实力的提升才能支持硬体装备的投入，带动整体的提升。”曾旻坦言。

“为什么机器人能根据不同车型选择涂胶轨迹，同时能保证不出错？这需要机器人有‘大脑’，拥有识别系统，进行数据对比再自行生产。”

郭劲松表示，这背后需要创新，充分发挥员工的主观能动性，激发创新的原动力。

广汽乘用车第二生产线上，在挡风玻璃涂胶安装工位，挂着一面“党员先锋岗”的锦旗。正是这个岗位的员工，发现在传统涂胶安装过程中存在诸多缺陷，并通过头脑风暴，实现了行业内第一家全自动上料、涂胶和安装。

目前，通过多个工位的持续创新，广汽乘用车形成了拥有自主知识产权的生产方式。“我们这套生产方式整理的资料，叠起来有1米多高。”郭劲松表示。

创新的关键是什么？是人才与平台。“为什么很多一流人才愿意留在佛山顺德，而不是条件更好的海外？”曾旻认为，关键是这里有开放式平台。

浙江大学经济学院院长黄先海表示，传统制造业转型升级需要用新产业来带动，具体表现为信息产业、高端服务、大数据等。但是如何运用智能技术继续提升转型水平，企业本身受制于技术水平，并不容易实现，此时就需要根据现有的产业基础，借助大数据等“外脑”发现升级路径。而

广汽丰田第三生产线在广州南沙正式投产

信息产业的核心是人才，在人口高度流动的条件下，任何一个产业都不能局限于原有的人才规划和培养模式，需要更加重视高校资源，特别是人工

● 2017年12月1日，广汽集团的智能化装配车间。目前人工智能已应用于汽车制造业，成为行业未来发展趋势

智能、信息化等领域的人才。

在调研中，记者还发现，设备商与生产企业发展的不协调，在一定程度上制约着市场智能化的高速发展。“智能化现在急需装备设备商的支撑，他们的智能化升级进程不能落后于汽车主机厂，这样两者相互配合，才能最快速度实现行业智能化水平的提升。”郭劲松如是说。

【记者快评】

智能制造是企业发展的内生需求

当下，随着消费的不断升级，个性化、定制化成了未来的主要趋势，如何才能以更高的效率满足市场需求，这是传统制造业亟须破解的问题。

在本次调研中，记者从走访的企业发现，大家不约而同提到了一个关键词：效率。

强调效率的背后，说明企业面对着产业技术变革，危机感正在提升，寻求更快速的转型升级，以数字化、信息化、自动化去“强身健体”，最终实现高质量发展。

那么，如何提升效率满足市场变化需求？智能制造是主要途径，生产线可通过软件系统、流程信息化、数据联动等智能化方面灵活调整，最大化提升效率，全面实现个性化、定制化。

记者调研走访的几家企业都提供了很好的转型样本。当前不少企业的智能制造“重硬件轻软件”，广汽传祺则通过自动化集成、数据的互联互通，实现结构和工艺再造，而且这些“软实力”都拥有自主知识产权，系统的提升带来了整体效率提升。

让人印象深刻的是，生产线上灵活抓取的机械臂往往代表着高度自动化，但美的依然要费尽心思减少多余的抓取环节，背后传递的理念是：减少产品在工序间的积压，进一步提升效率。

软实力的创新，无法像硬件那样直接通过购买和“复制”得来，这既

● 佛山美的智能生产车间，多台机器人被运用到空调遥控的生产流程当中

是企业应对外部环境变化的需求，更是智能制造抢占制高点的必然之路。

【声音】

建设现代化经济体系的着力点是大力发展实体经济，提高经济供给体系的质量。近年来，广东各地企业越来越多应用机器人、智能化生产线，反映出广东企业在把握新常态、新机遇上眼光超前，能够及早筹划转型。

——广东省委党校教授 陈鸿宇

广汽传祺将以世界级生产方式为核心，建立信息物理融合系统，进一步发展智能制造技术，实现智能生产和智能物流水平全面提升，全面践行《中国制造2025》。

——广汽集团执行委员会副主任、广汽乘用车总经理 郁俊制造业智能化是未来的大趋势，会进一步拓展到人的生活当中。在我看来，智能制造有几个层面的要素要相互叠加，产品设计要智能化、生产工艺要智能化、制造模式的智能化，否则都是空谈。

——浙江省机器人产业发展协会秘书长 王国耀

（2018年4月25日）

奋力实现“四个走在全国前列”深调研

“建设现代化经济体系”调研小组成员

郭小戈　郜小平　戚莹莹　姚　翀　梁志毅　袁佩如

▶ 关键词：法治化营商环境

如何构建具有全球优势的法治化营商环境？

解码自贸区发展的法治密码

税收优惠、产业扶持……对一家大型国际企业而言，投资一个区域的要素复杂多样，但在前海，一流的法治环境，是它被众多企业不断青睐的重要原因。

前海管理局此前委托相关机构进行问卷调查的结果显示，75.29%的企业表示投资前海最看重公平公正的法治环境。

法治环境的建设、法律服务的完善，能够为自贸区发展提供有力的司法保障，从而释放更大的能量与发展红利。

【见闻】

时间：2018年4月20日至24日

地点：前海法院、深圳知识产权法庭、深圳金融法庭、华商林李黎（前海）联营律师事务所、深圳国际仲裁院

来来往往的当事人与律师，在前海法院的诉讼服务中心忙碌地办理各项事务；华商林李黎（前海）联营律师事务所里，一名港籍律师正和当事人通话，确认对方诉求……作为改革开放的前沿窗口，前海自贸区迅速发展，跨境业务、新类型业务不断涌现，产生了大量需要解决的纠纷。

2018年4月27日，广东自贸区深圳前海蛇口片区即将迎来挂牌三周年。三年来，前海在裁判上与国际接轨，组建专业化审判机构，建立多元化纠纷解决机制，在推进自贸区发展建设、服务创新产业发展、打造市场化法治化国际化营商环境等方面提供了极具价值的经验。

这片总面积仅28.2平方公里，几乎是全国面积最小的自贸片区，通过什么措施完善法治建设，打造了公平透明、稳定可预期的营商环境？近日，“四个走在全国前列”深调研小分队，来到深圳前海蛇口自贸片区探访。

为创新保驾护航建立多元化纠纷解决机制

从2015年成立，到2018年3月30日，前海法院共受理案件16331件，其中受理涉自贸区与合作区案件11844件，占全部收案数的72.5%。“前海法院审理的股票配资、互联网金融、融资租赁、保理合同、知识产权等新类型案件较多。”前海法院法官张珂表示。

深圳金融法庭高级法官刘茹也提到，近年来，前海金融纠纷案件持续增多，2017年金融纠纷案件占自贸区案件总量近40%，在各类纠纷中占比第一，涉及资产证券化、股权众筹融资、网络借贷、场外配资等疑难、复杂、新类型案件较多，许多新情况、新问题在前海也较为常见。

张珂认为，自贸区新案件偏多，但新领域司法实践较少，如矛盾纠纷解决不当，会影响相关产业在自贸区的发展。作为民商事案件为主的片

区，为满足跨境商事纠纷便捷处理及与国际接轨的需求，除传统的诉讼外，前海蛇口自贸片区还着力建立起符合国际惯例的调解、仲裁等多元化纠纷解决机制，充分利用社会化纠纷解决力量和资源，便捷、高效地解决问题。

在前海法院的调解室里，两名律师正在用英文与当事人沟通。记者走访发现，法院、仲裁机构、律所等涉及到法律业务的不同主体都参与到了多元化纠纷解决机制中。前海法院于2016年成立了诉调对接中心，与深圳国际仲裁院、深圳市律师协会等20余家域内外调解机构建立合作共建关系，聘任了148名律师调解员参与调解。截至2018年3月31日，诉调对接中心共成功调解案件1223件，调解成功率39.7%。

另一方面，深圳国际仲裁院在前海开展了多元化纠纷解决机制创新。深圳国际仲裁院自贸区仲裁处处长杨涛表示，通过“调解+仲裁”实现独立调解与独立仲裁相结合是解决跨境商事争议的快捷、有效的途径。

“仲裁作为一种非诉讼解决方式，具有强制执行的效力。”杨涛介绍，仲裁作为一种国际通行的商事纠纷解决方式，和诉讼相比而言存在几方面优势：一是仲裁裁决在境外执行相比法院审判而言更加方便，不涉及司法管辖权问题；二是诉讼程序上比较繁琐，存在上诉可能性，而仲裁的裁决是终局的，效率更高；三是与公开诉讼相比，仲裁实现保密审理，避免对企业产生外部影响。

法治环境与国际接轨域外法查明用准

一大早，前海法院的立案机器人就忙个不停，不断有当事人投递立案材料。记者了解到，自贸区境外商事主体数量多，带来了跨境业务的增加。前海法院深入推进涉外审判机制改革，可适用域外法审理，增加了外国与港澳台商事主体在前海投资创业的信心。

前海法院集中管辖深圳市辖区应由基层法院管辖的第一审涉外、涉港澳台商事案件。截至2018年3月，共受理涉外涉港澳台商事案件4136件，其中涉港商事案件3019件，居全国首位，涉外案件审理期限较集中管辖前缩短近50%。

最高人民法院在前海法院设立了中国港澳台和外国法律查明研究基地，建设“港澳台和外国法律资料库”与“案例库”，保障域外法“查得明”“用得准”。截至2018年3月，共有35件案件当事人在合同中选择适用香港法，适用香港法调解成功案件4件，判决11件，有效回应投资者选择适用香港法的司法需求。

不过，不同纠纷解决方式对域外法的适用与衔接难度也不尽相同。张珂介绍，在适用域外法审理的案件中，当事人可委托法律查明专家在庭审中对专业性问题进行说明，解释当地的法律是怎么规定的，如何适用。如果法官认为适用不当，也可以委托法院的法律查明专家介入，法官根据查明情况审判。

作为自贸区现代服务业的重要一环，法律服务业的国际化在自贸区也得到了体现。截至2018年4月，全国共有10家内地与港澳联营的律师事务所，前海就占了7家，其中全国首家内地与香港联营律师事务所华商林李黎（前海）联营律师事务所于2014年11月成立。该所管理合伙人王寿群表

前海法院的审判庭参考了香港法庭的布置，原告、被告席位共同面向法官，弱化当事人之间的对抗，体现了以庭审为中心的诉讼理念

示，他们主要承担跨境的法律服务，“像内地涉港债务纠纷等案件，单独委托任何一地律师事务所都很难妥善解决，联营律所拥有内地和香港两地律师资源，可以同步配合、同步行动达到良好的效果”。

【记者快评】

前海成为中国特色社会主义法治示范区的基本架构成型。作为基层法院的前海法院成立已3年，作为中级法院机构的深圳知识产权法庭、深圳金融法庭在前海挂牌成立数月，最高法院第一巡回法庭大楼也在前海奠基。由此，前海拥有中国新一轮司法改革后增设的四种新型法院，审级齐全，成为法治要素最为齐备的自贸试验区之一。

前海法院诉讼服务中心高度智能化，还配备了机器人，为当事人和律师提供立案服务

前海承担着深化改革创新、扩大对外开放的重任。市场的发展需要创新，创新又需要市场主体的创造力，而市场主体的活力和创造力的激发，则需要一个良好的、较为宽松的法治环境。因此，法院对于市场主体的创造力应当给予充分的尊重。对于创新中产生的新型法律关系，法院既不因为没有成文法的明确规定而拒绝裁判，也不一概怀疑和否定，而是以积极鼓励和支持的态度，给予新生事物合理的发展空间。对诉讼而言，应创造性地解决改革创新带来的新问题，烫平法律滞后与改革创新之间的褶皱，以司法裁判的形式鼓励和保护各类改革创新活动。

此外，自贸区商事纠纷的非诉讼解决机制建设也必不可少，采用仲裁、调解的方式，可以充分利用社会化纠纷解决力量和资源，便捷、高效地解决问题。

【声音】

自贸区企业创新能力强，涉及的知识产权纠纷多、案件新。对企业而言，不能被侵权后才想起维权，这是亡羊补牢的做法。有的案例中，曾在原告核心研发部门担任要职的人员，去另一家企业生产相同产品，但原告管理缺失，拿不出证据维权。初创企业知识产权保护意识薄弱，企业应绷紧核心知识产权保护这根弦，建立有效的内部管理机制。

——深圳知识产权法庭高级法官 蒋筱熙

对营商环境而言，争议解决是最后一道屏障，裁判的公正性更受关注。深圳国际仲裁院实行以理事会为核心的法定机构管理方式，理事会是一个社会化、国际化的理事会，通过法定机构立法的方式，来打消当事人对地方保护、行政干预、内部人控制的顾虑。

——深圳国际仲裁院自贸区仲裁处处长 杨涛

联营律所有香港律师执业，通过跨境团队合作的方式可以签署有香港法律业务的委托合同，执业范围比非联营律所有优势，执业地域更加广泛。联营律所的试点也是自贸区与国际接轨的一项内容，在法律体系不一样的环境中，通过试点探索中国法律服务业如何融入国际市场。

——华商林李黎（前海）联营律师事务所管理合伙人 王寿群

（2018年4月26日）

奋力实现“四个走在全国前列”深调研

“营造共建共治共享的社会治理格局”调研小组成员

陈熊海　尚黎阳　鲁 力

▸ 关键词：T2航站楼

粤港澳大湾区背景下，如何打造世界级机场群？

为世界级航空枢纽建设装上“双发”引擎

2018年4月26日，国内最大的单体航站楼——广州白云国际机场T2航站楼正式投入使用，白云机场正式迈入“双子楼”运营时代。借此东风，2018年广州白云机场年旅客吞吐量有望突破7000万人次大关。随着未来第四、第五跑道和三号航站楼等三期扩建工程建设以及货运设施的建设，白云机场年旅客吞吐量有望突破1亿人次，成为全球重要的航空综合枢纽之一，为广东架设起一条经济快速发展的空中之路。

【见闻】

时间：2018年4月26日

地点：白云机场2号航站楼

2018年4月26日上午，厦门航空一架客机腾空飞离，广州白云国际机场2号航站楼（T2）和综合交通中心正式投入使用。

新航站楼科技范儿十足

早上八点钟，记者体验首航航班。踏入新航站楼，上百台科技感十足的自助值机设备和自助行李托运设备一字排开。点击显示屏，轻刷身份证，选择乘机座位，不到30秒，记者拿到了从广州飞往厦门的首发航班登机牌。

穿过值机区，是一片极具梦幻色彩的“天空舞台”，808颗蓝白渐变

厦门航空首批进驻白云机场2号航站楼

的圆球灯阵如流云般起伏变换。“直线型”流程设计的T2航站楼，不再划分A区、B区，沿着清晰的蓝色标示可直线通往候机安检。

特设的男性旅客、女性旅客和加急旅客等特殊安检通道，满足人们精细化的出行需求。

广州海关隶属白云机场海关的“智能通关系统”也同日亮相。“有行李申报”用时五分钟，如不需要申报则是“秒通关”。

此外，VR、无人机、视频智能分析等新技术也运用到T2航站海关监管中。关员查验时佩戴制式单兵设备，检查情况实时传输到指挥中心，风险防控、实时指挥一步到位。不远处的边检区，新边检通道和自助通道一列排开，还设计了专门的退关通道、中转旅客通道及等候区域。

5分钟内可实现多种交通方式换乘

在T2航站楼启用当日，华南最大的综合交通中心（GTC）也同步亮相：建筑面积22.2万平方米，设计容量为年旅客量4500万人次，新增了P6、7、8三个大型停车场，停车位超过5000个。同时，广州地铁3号线机场北站，市区及长途大巴、出租车上客区，以及未来穗莞深城轨北延段T2站等一并接入，实现民航、城轨、地铁、高速公路无缝对接。

记者体验时发现，无论从国内到达还是国际到达，走到GTC通道只需3分钟不到，抬头即可见到乘坐地铁、大巴、客运站、出租车或供私家车使用的P8停车楼的指引。不论选择哪一种交通方式，5分钟内便可抵达。

多种交通方式的便捷换乘，是GTC的最大特点。地铁机场北站位于综合交通中心（GTC）大厅西侧负一层，大巴站点则分设在综合交通中心（GTC）一层东西两侧。选择搭乘出租车的旅客，提取行李后走出一层到达区，就可以看到“出租车候车区”，高峰期可容纳32辆车上客。

2018年4月26日上午8：35，记者看到广州公交集团白云公司的出租车已经整齐排列，等候首班MF8305航班的抵达旅客出站。

“我们今早六点半就到了。”白云公司相关负责人告诉记者，为了保障好T2航站楼的出租车接驳工作，该公司专门组织了多辆的士前往等候，并派人在到达区指引乘客换乘。2018年4月26日至5月9日深夜地铁停运

“天空舞台”成为白云机场2号航站楼一大亮点

后，该公司还将补充投放300—500辆出租车进驻机场待命，并另外组织一支300辆车的应急保障出租车队，保障乘客出行。

GTC的工作人员告诉记者，为应对乘客走错航站楼的情况，白云机场还提供了免费穿梭巴士、地铁转乘通道等两种换乘方式。此外，GTC预留了穗莞深城轨的站台位置，未来旅客可通过搭乘城轨来往白云机场。

随着2号航站楼及GTC的启用，白云机场将进一步强化对周边区域的交通辐射，与东南亚主要城市形成“4小时航空交通圈”，与全球主要城市形成“12小时航空交通圈”，广州国际航空枢纽建设再提速。

T2很好吃也很好逛

航站楼出发厅三层中轴线上有“天空舞台”艺术装置，舞台上方是一个巨型的动力艺术装置，由808个圆球灯阵组成，给人美轮美奂的梦幻感受。舞台前方还有广州市花木棉花与植物绿墙相结合的主题景观，又有寓意珠江流水的小型瀑布，三个大型LED弧面屏幕，从航站楼各个角度，皆可观赏到由音乐、律动和光影交相辉映而成的和谐舞曲。

在安检区二层设有一个300平方米的博物馆体验区，旅客可到粤绣、陶瓷、书法、端砚等展示区观赏和体验，感受传统艺术魅力。

广东老字号广州酒家、陶陶居、银记肠粉、惠如楼等，米其林品牌餐厅苏浙汇，连锁快餐麦当劳、肯德基、真功夫，精致商旅休闲品牌星巴克、太平洋咖啡……在出发大厅的餐饮区入驻了很多美食店铺。独具岭南特色的装修风格，让旅客在现代化的机场享用美食的同时也能品味西关文化。

记者发现，餐饮区的食品价格与城区基本一致。广州酒家介绍，当初该品牌进驻时，机场方面就要求须做到“同城同质同价”，“广州酒家的餐饮定位为大众化，开业第一天就吸引很多食客，到下午四点多，店内的部分食材食料就断货了，出乎我们意料”。

【记者快评】

出行就应该以旅客为本

作为一个城市对外开放的窗口，机场可以说是外来旅客对城市留下的第一印象。现代化的设计、更直观的流程、科技范儿十足的设施和更好吃好逛的人文体验，T2航站楼让每一个来到这里的旅客感到了由衷的惊喜。而出行，本身就应该以旅客为本，让旅客出行更“快”，心情更“乐”。

此前，记者到香港国际机场采访时，该机场负责人就提到，不断提升旅客体验、提高机场效率，是香港机场始终牢牢占据国际中转枢纽机场地位、吸引客流不断增长的重要因素。同处粤港澳大湾区，站在T2的新起点上，广州白云机场要把握粤港澳大湾区建设带来的快速发展机遇，打造世界一流航空枢纽，在提升“硬件”基础设施水平的同时，练好“软件”服务的内功，加快形成大湾区世界级机场群。

【声音】

要让白云机场2号航站楼成为展示广东改革开放成果的窗口。

——广东省国资委主任、党委书记　李成

白云机场必须在世界航空网络建设的大格局中找准自己的位置。白云机场是国家明确定位的全国三大国际航空枢纽之一，是广州连接非洲、大洋洲和东南亚地区的航空枢纽，同时也是连接欧美地区的华南门户机场。

——广州白云国际机场股份有限公司董事长　邱嘉臣

大湾区的机场是健康的竞争合作关系，特别是香港、广州、深圳三大机场应该开展更多的合作，让大湾区市民有更多的选择，有竞争才会有发展。

——香港机场管理局机场业界协作总经理　马耀文

白云机场T2为粤港澳大湾区拓展了地面保障资源，为粤港澳大湾区航空枢纽建设提供了硬件支撑，为白云机场进一步增加客运量提供了有利保障。

——民航专家　綦琦

（2018年4月27日）

奋力实现“四个走在全国前列”深调研

“形成全面开放新格局”调研小组成员

刘　倩　余秋亮　欧志葵　李　赫　王佳欣　唐子湉　陈　晓　吴伟洪

关键词：制度供给

企业生产成本上涨、制度供给尚待加强弱化广东吸引力

广东应如何重塑营商环境新优势？

广东省统计局近日发布数据显示，一季度，广东实现地区生产总值2.17万亿元，同比增长7.0%，比全国平均水平高0.2个百分点，广东省高质量发展成效初显。

但广东经济发展质量仍有提升空间。随着营商环境优势在企业生产成本上涨、制度供给尚待加强的背景下相对弱化，广东需要进一步系统构建推动经济高质量发展的体制机制。

【见闻】

时间：2018年4月24日至27日

地点：中国电信天河石牌营业厅，广州市政务服务中心海关办事窗口，广州国际生物岛，省国税、地税税务沙龙会场，格力电器股份有限公司

重塑广东营商环境新优势，需要降低企业成本，更需要持续激发市场活力和社会创造力。记者调研发现，广东正深化供给侧结构性改革，以优质的制度供给、服务供给、要素供给和完备的市场体系，增强发展环境的吸引力和竞争力。

“到广东感觉来对了”

以战略性新兴产业4K超高清视频产业为例，广东推出全国首个面向4K产业的扶持政策，开通全国首个4K频道，加快推进“零跑动”办理等便民措施和改革，努力加快推动新经济、新动能发展。

4月27日早上，南方日报深调研团队在中国电信天河石牌营业厅4K体验区采访，业务经理林毅超正在介绍4K电视

4K内容制作龙头企业4K花园因此落户广州。“把总部搬到广东，感到很兴奋，感觉来对了。”4K花园创始人兼董事长吴懿说。目前，一批4K电影电视、纪录片、新闻专题、网络剧和公益节目正加快投入制作。眼下，广东可提供4K节目量时长已达5025小时，较2016年增加约8倍。

“我们正逐步引导老用户将非4K机顶盒升级为4K机顶盒。通过线上渠道和上门服务实现办理4K‘零跑动’，便利大家使用4K。计划在2018年底前，将全部非4K用户升级为4K用户，大幅提升4K用户的占比。”广东电信市场部副总经理戎江波介绍，截至2018年4月，广东电信4K“零跑动”受理量约6.2万户。

在彩电行业持续低迷状态下，4K电视产销量逆势上涨，TCL、创维、康佳4K电视产量同比增长16%，4K电视贡献了广东主要电视生产企业超50%的营业收入和60%的利润。2018年广东省经信委还将统筹2.5亿元用于4K产业链转型升级。

海关多项业务“一门、一次办理”

华南地区首个生物材料快速通关平台通过验收。“广州华南生物材料出入境公共服务平台集合了生物材料公用型保税仓、查验区、冷链监管库、政务商务办公区，融合了报关报税、检疫查验、仓储物流、集采商贸四个功能。”广州海关加工贸易监管处相关负责人接受记者采访时说。

金域医学检验集团股份有限公司董事长梁耀铭感受颇深。“从欧美国家直飞广州的货机一抵达白云机场，就可以直接把生物试剂装上冷柜车转运至生物岛上的药品仓库。”他说，这有效降低了生物材料变质的风险。

全国报关、报检资质正式“合二为一”。记者走进广州市政务服务中心时，广州市丽雪服饰有限公司的办事人员正在海关办事窗口旁，通过国际贸易“单一窗口”线上发送报关、报检企业注册申请。广州海关现场业务处收到申请后，立刻为企业办理手续，现场就核发了相关资质。

“现在企业在海关注册登记或备案后，可同时取得报关、报检资质，一般当天就能办完。”现场海关工作人员介绍，以前报关、报检要分别到两个部门办理，即使企业同时办理两种资质注册，也大约需要5天才能办完。

加快开辟大企业税务绿色通道

2018年4月25日，省国税局、省地税局联合举办“优化税收营商环境助力金融大企业发展”税务沙龙，国家税务总局、省市金融管理部门、省社科院、中介机构的代表以及广发证券股份有限公司等10户金融行业大企业代表共同建言广东金融业发展。

“税务部门要与金融、财政等主管部门深化合作，出台支持本省企业上市融资和资本运作的配套政策，加大对金融企业开发创新项目的指导力度。”广发证券股份有限公司副总裁兼财务总监孙晓燕建议说。

广东省国税局党组成员、总审计师李榕滨表示，近年来，广东税务部门对广东农信、中国人寿、易方达基金等大企业开展税务风险“体检”，按户向企业出具《税务风险内控管理建议书》；与广发银行合作，开启与大企业共同防范税收风险的创新合作。

广东省地税局党组成员、副局长揭晔指出，结合本次税务沙龙活动汇集的各方观点，广东税务部门将加快推进建立集中统一的涉税诉求处理平台、开辟大企业绿色通道等服务举措的探索应用，提升企业获得感和满意度。

人才新政直击企业痛点

2018年4月24日，珠海发布“招贤令”，宣布正式出台《关于实施“珠海英才计划”加快集聚新时代创新创业人才的若干措施（试行）》。

新政实施后，珠海市级财政年度投入人才经费比以前增长了5倍，市区两级每年人才经费投入将超过25亿元。同时，珠海在全国首创给人才“赠送50%住房产权”举措，5年内将筹集人才住房约3万套。

格力电器股份有限公司副总裁陈伟才表示：“珠海出台的人才新政非常给力，直击企业发展、人才创新创业的痛点，是企业和人才的期盼所在。”珠海纳睿达科技有限公司总经理包晓军高度评价道：“此轮‘珠海英才计划’在珠三角人才政策中脱颖而出，甚至在全国范围内都极具竞争力！”

“人才新政含金量高、支持力度大，会让更多的人才向往珠海、留在珠海。”接受南方日报记者采访的珠海企业代表、人才代表和相关人才纷纷表示。

【记者快评】

将政策获得感落实到企业和群众

4K报装“零跑动”、生物材料企业“一站式”报关、开辟税务绿色通道……“小服务”折射“大改革”，广东正致力让“群众少跑路、数据多跑路”，不断优化营商环境。

一方面，目前全国各地优化营商环境、促进招商引资新政频出，地区之间人才、企业、创新资源“争夺战”不断上演，而广东面临企业综合成

2018年3月29日，中国超高清视频（4K）产业发展大会在广州召开，人们争相观看4K视频

● 2018年4月，2018中国（广东）数字经济融合创新大会在广州举办

本上涨、对高端经济要素的吸引力减弱等压力，更需要通过降低实体经济各方面的成本，应对激烈竞争。另一方面，广东若要继续做好中国改革开放的引领者，必须以更高目标要求自己，从小服务、小便利的点滴做起，才能逐步打造国际一流的营商环境。

未来如何运用新技术新手段进一步打破“数据孤岛”、提升政府服务效率，如何通过政策精准施力来解决企业各类“隐形”成本高的痛点，广东仍须加大力度探索。唯有推出更多“啃硬骨头”的针对性政策，将政策获得感落实到企业和群众层面，才能激发市场活力和社会创造力，反哺经济高质量发展。

【声音】

广东将加大力度推动网络基础设施建设、积极发动4K节目源制作、扩大试点示范应用范围、加大宣传推广力度、开展4K产业基地建设、积极拓展新数字家庭应用，推动广东省4K产业发展迈上新台阶。

——广东省经信委党组书记、主任 涂高坤

华南生物材料出入境公共服务平台运行后，从欧美国家直飞广州的货机一抵达白云机场，就可以直接把生物试剂装上冷柜车转运至生物岛上我们公司自己的药品仓库，让人放心又安心。

——金域医学检验集团股份有限公司董事长 梁耀铭

珠海出台的人才新政非常给力，直击企业发展、人才创新创业的痛点，是企业和人才的期盼所在。

——格力电器股份有限公司副总裁 陈伟才

此轮“珠海英才计划”在珠三角人才政策中脱颖而出，甚至在全国范围内都极具竞争力！

——珠海纳睿达科技有限公司总经理 包晓军

（2018年4月28日）

奋力实现“四个走在全国前列”深调研

“构建推动经济高质量发展体制机制”调研小组成员

苏 力 肖文舸 姚 翀 吴伟洪

实习生：侯笑丛

关键词：城市治理

广州三元里“新广”“老广”共融，“外来人”也能变成“自家人”

外来人口如何融入城市参与社会治理？

在我国的大城市，流动人口的大量存在给城市治理提出了挑战。由于城乡二元体制等因素制约，外来人员在就业、社会保障、教育培训、住房、户籍管理、家庭生活等方面，与城市居民仍存在差距，在融入城市方面存在诸多困难。

作为外来人口大市，近年来，广州摸索出了不少引导外来人员参与基层治理的经验。为此，调研组前往广州市外来人口聚集的白云区三元里街道开展调研。

【见闻】

时间：2018年4月28日

地点：广州市白云区三元里街道

“2008年，我从湖北老家来到三元里，当时，这里老鼠、蟑螂到处爬，房屋拥挤潮湿，‘握手楼’之间电线乱如麻……”40多岁的张宗桂一边走在宽敞的抗英大街上，一边回忆道。

如今，经过大力整治后，这座全国历史文化名村旧貌换新颜：鲜亮整洁的石板路面、具有岭南特色的商铺、敞亮开阔的天空随处可见。不仅如此，三元里外来人员与本地居民也实现共融，心往一处想、劲往一处使，让这个曾以“毒赌黄”“脏乱差”而远近闻名的城中村，一跃变成广州市社会综合治理示范村。

如何在外来人员聚集的地方进行有效管理？如何提升外来人员的城市归属感和主人翁意识？如何让外来人员与本地居民相互融合，创新居民自治？记者来到广州市白云区三元里街道，探寻这些问题的答案。

搭建交流平台：外来工从陌生人变熟人

“洪湖水呀，浪呀嘛浪打浪啊……”一阵阵悠扬的歌声从三元里街文化站传来。记者一打听，得知原来是该街道的融合合唱队在排练。

为什么叫融合合唱队？合唱队成员、外来人员郑庆忠告诉记者，该合唱队由外来人员和本地居民组成，因此取名“融合”。“《三元里抗英》《洪湖赤卫队》等歌曲我们都爱唱。”

融合合唱队是三元里的一个缩影。三元里地处多个区的交界点，毗邻广州火车站，拥有活跃的商圈，是来穗人员较为理想的落脚地。改革开放以来，该地区经济飞速发展，但辖内的来穗人员，来源复杂、素质参差不齐，城市归属感淡漠，产生和积累了不少社会问题。目前，三元里外来人口与本地人口的比例是3:2，人口倒挂现象明显，外来人口来自全国各地，其中大部分是湖北籍。

● 广州市法泽城市与公益研究中心理事长吴治平

“刚来的时候心很慌，举目无亲。和本地人沟通困难，觉得是两个世界的人。”张宗桂说，当时有些外来人为了躲避查户口，晚上不敢开灯，也不敢出声。随着越来越多的外来人员涌入，他们为自己发声的欲望越来越强烈，与本地人的矛盾也不断加剧。

冲突的原因除了与本地居民的语言、生活习惯的差异之外，还有外来人员有了更多生存需求，包括孩子教育、自身发展等。解决这些难题成为让外来人员融入当地的关键。

正是找到了这个痛点，2015年，三元里街道成立了全国首家城中村社区大学和来穗人员融合学堂，填补了外来人员及其子女社区教育的空缺，提升了外来人员的综合素质。例如，通过“垃圾不落地”教育，帮助外来人员和居民养成了环保习惯；商务英语班则提高了从事印刷行业的外来工的口语水平；外来工写作班不仅提高了外来工的写作能力，也增强了他们在城市生活的信心……

“实际上，社区大学和融合学堂的另一个功能是促进融合。”三元里社区大学有关负责人说，“新广”和“老广”在这里成为“同学”“校友”，从陌生人变成熟人。

成立共治议事会：外来工真正成为社区主人

“我从来没有想过，自己也能参与决策社区事务。”郑庆忠激动地说。就在几天前，三元里社区共治议事会刚刚完成换届，郑庆忠被选为外来人员代表。

记者在调研中发现，三元里社区共治议事会的成立，使外来人员完成从陌生人到想做主人，再到真正成为主人的转变。

议事会由13人组成，外来人员和社区居民各6名，另有1名街道民政科负责人担任理事长。议事会按照“一事一议”的原则，由社区居民和外来人员共同协商解决社区的公共事务。自成立以来，议事会共召开5次会议，通过了“建立社区微公园”“建立巷长责任制”“建立社区志愿服务日”等“议案”。

“又有人高空抛物！”“这太危险了，必须制止！”“我们应该建立一个机制，遏制这种现象！”……此前，为解决社区“高空抛物”问题，议事会专门召开了一次会议，商议出应对办法和措施。为了更好地管理社区内的50多条巷子，议事会通过了建立“巷长制”的决定，共选出19名巷长。

与此同时，社区大学对议事会代表、巷长、社区志愿者等进行专业技能培训，进一步增强了他们参与社区治理的意识和能力。“从一开始的没归属感，到现在参与社区事务，有了发声的平台，共治议事会制度让‘外来人’变成了‘自家人’。”在三元里生活了19年的外来人员代表刘红艳说。

除了是议事会成员外，郑庆忠还是三元里来穗人员党总支所属荆楚印刷工党支部的党员。2016年，三元里建立来穗人员党支部，不仅破解了流动党员管理难题，还通过成立来穗党员志愿者服务队，支持三元里街道的社区建设，在社区矛盾纠纷调解、环境整治、治安巡逻、特殊群体慰问等服务活动中发挥模范带头作用。

来穗党员黄玲是一名打工妈妈，在和女儿上过外来工亲子早教班后，她也选择成为早教班的老师，从受助者变成服务者。经过专业的学习培训和一年助教老师的实践，性格热情又亲切的黄玲深受家长和孩子们的信赖。

社会组织参与治理：三元里经验可复制推广

走在宽敞整洁的抗英大街上，不多时，便来到三元里来穗人员和出租屋服务管理站。在管理站的一侧墙壁上，挂着三元里来穗人员党支部、来穗人员融合学堂、来穗人员融合服务站、社区共治议事会、志愿者服务队等5块牌子。

“三元里创新建设社区治理‘五个一’平台，探索出了一条具有三元里特色的基层治理路径。”三元里街道办副主任张智敏说，其中，三元里社区共治议事会成为基层民主建设重大创新入选全国“砥砺奋进的五年”大型成就展。

记者在三元里的村史展览馆看到，三元里“五个一”融合社区治理工作已经和“三元里抗英斗争”等历史一起被展览。

在三元里推进社会治理的过程中，社会组织广州市法泽城市与公益研究中心发挥了重要的作用，推动了三元里社区共治议事会、社区大学等创新实践。“在党委政府的领导下，社会组织充分发挥了‘智库’作用，促进形成社会治理主体良性互动的局面。”张智敏说。

说起三元里的经验，广州市法泽城市与公益研究中心理事长吴治平说，服务的精准度尤为重要。例如，在社区大学成立前，广州市法泽城市与公益研究中心组织召开了4场座谈会，完成了233份调查问卷，对20多名本地居民和外来人员代表进行深度访谈，从而开发了免费的“亲子早教班”“留守儿童暑期成长班”“商务英语班”等精准教育服务课程。

三元里经验是否可以复制推广？对此，吴治平回应说，实际上，目前三元里的经验已推广到周围的一些社区，取得了不错的效果，广州市白云区太和镇大源村、江苏常熟服装城已经引进三元里经验。

作为政府治理创新项目，三元里的融合社区建设的可持续性是必须思考的方面。“现在项目取得了实效，不仅人民群众获得了实际利益，党委政府也十分支持。”吴治平说，未来要推动三元里经验实现制度化、常态化，并上升为政策、法律，这样才能长久地持续下去。

调研小组成员正在三元里调研

【记者快评】

让外来工真正成为城市的主人

社区居民自治是城市基层治理的重要形式。三元里通过建立社区共治议事会、社区大学，开展外来工亲子早教班等活动，给外来人员提供优质、普惠的社会公共服务，进而引导外来人员参与社区治理，并实现与本地居民共融。三元里创新社会治理的举措呼应了当前我国城市流动人口治理的重要议题，其理念和创新都值得关注。

未来，我们需要探索出更多的基层治理经验，将这些经验推广到更多的地区，让更多的外来工能够通过基层治理创新模式，参与到共建共治当中，并享受治理取得的成果，从而让广东在城市治理中真正走在全国前列。

【声音】

参与是融入的最高层次，要充分调动外来人员的公共参与意识，构建来穗人员与居民多元共治的参与格局。

——广州市白云区三元里街道办副主任 张智敏

在三元里，社区融合应该常态化。社区教育要走向常态化、制度化，形成一个机制，它要能够生成外来工自主发展的能力。

——广州市法泽城市与公益研究中心理事长 吴治平

我感觉自己现在就是一名“广州人”，我们到各自的家中做客，分享各自家乡的特产，那个时候，我们就是“一家人”。

——外来人员 张宗桂

（2018年5月4日）

奋力实现“四个走在全国前列”深调研

“营造共建共治共享的社会治理格局”调研小组成员

王 聪 郭 珊

关键词：生物医药

抢占生物医药产业发展高地

力争2020年粤生物产业产值破6000亿

生物医药产业由生物技术产业与医药产业共同组成。随着生物医药产品外包的逐渐兴起，生物医药市场开始茁壮成长。但生物医药属于典型的“高投入、高风险、高产出、长周期”行业，这些特点造就了生物医药企业的发展不平衡。

2017年8月17日印发的《广东省战略性新兴产业发展“十三五”规划》中，明确提出广东要强化生物产业创新发展技术基础，加快产业化进程，力争到2020年，广东省生物产业产值规模突破6000亿元。未来，以广州和深圳为核心的珠三角生物科技产业将迎来新一轮的增长与升级。

【见闻】

时间：2018年4月25日至28日

地点：深圳市中航沙河工业区、广州市海珠区生物岛、广州科技创新基地

记者走进位于广州科技创新基地E区的迈普医学时，立刻被一款新型高大的生物3D打印设备吸引，随着三支打印臂的“联合作业”，一个个细胞通过“打印”被赋予“新的使命”。据悉，这款最新的3D细胞打印设备已经研发成熟，并已推向市场。

“要依据现有条件，着眼未来发展，把新一代信息技术、高端装备制造、绿色低碳、生物医药、数字经济、新材料、海洋经济等战略性新兴产业作为重中之重。”习近平总书记对构筑广东产业新支柱作出了明确的指示。

乘借东风好起航。广东正以广州和深圳为龙头，加快集聚一批优秀生物科技企业，力争到2020年，广东省生物产业产值规模突破6000亿元。日前，记者深入迈普医学、金域检验、碳云智能等生物科技代表企业调研，探寻广东生物医药产业快速发展的核心驱动力。

全靠自主研发的核心技术

“目前，使用迈普生物3D打印产品进行术前规划、指导，可以将手术成功率提高20%—30%。”迈普再生医学科技有限公司研发总监邓坤学向记者介绍。

成立于2008年9月的广州迈普再生医学科技有限公司，是中国第一家应用生物3D打印技术开发植入医疗器械、开展精准医学服务的高新技术企业，目前旗下多个三类植入医疗器械产品已完成全球60多个国家的注册和销售，实现出口和全球医疗器械顶尖巨头产品同台竞争。

“为什么很多公司的产品走不出国门？就是因为没有核心技术，没有知识产权。”邓坤学对记者直言，迈普医学之所以取得目前的成就，全靠自主研发属于自己的核心技术，“目前全球只要涉及生物3D打印技术的公司，都绕不开我们团队创始人的核心专利。即使是全球生物3D打印龙头企

业Organovo，都需要得到我们团队创始人的细胞打印专利授权。”

邓坤学坦言，目前不少国内的专利在世界仍难获得承认，中国的专利保护意识和水平都有待提高。

据悉，迈普医学每年平均研发投入占比可达15%左右，已申请国内外专利200多项。

同样专注于技术创新的，还有国内第三方医学检验第一梯队企业金域医学。“在全国开展医学检验的医疗机构中，金域医学检测项目最多可达2400多项，一般三甲医院只有800项左右。”金域医学董事长兼首席执行官梁耀铭对记者表示。

企业成长离不开产业集群

离开广州，记者来到了位于深圳市中航沙河工业区的碳云智能科技有限公司。这家成立于2015年的公司，仅仅半年便跻身“独角兽”行列。

站在一台碳云智能正在研发的智能“魔镜”面前，你的身高、三围等身体指标数据立刻就在这台看似普通的镜子上显示出来。在参观碳云智能的过程中，记者一次次被这些高端的智能产品刷新着对人体生命的认知，

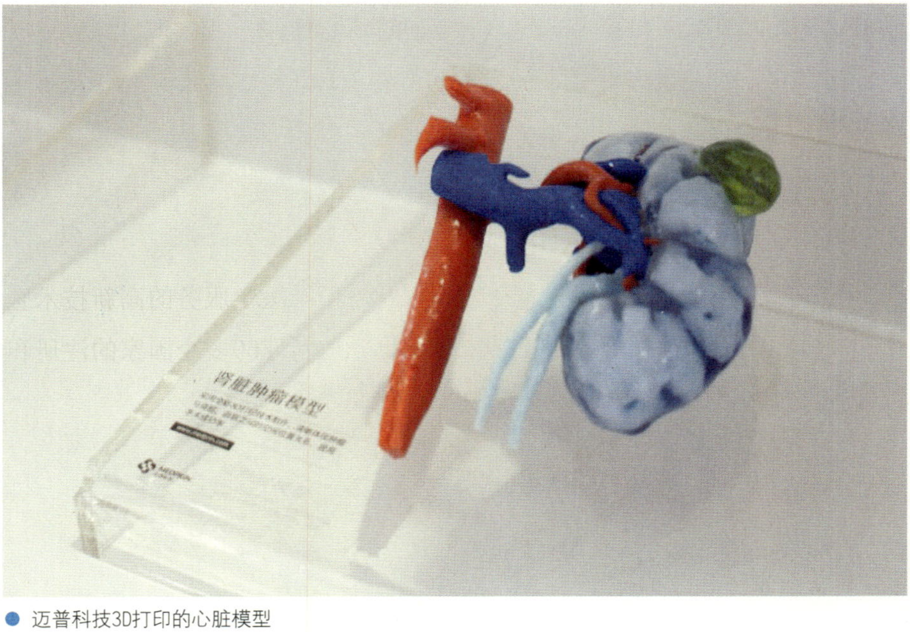

迈普科技3D打印的心脏模型

似乎人的一切都可以变成数字被记录和翻译。

在碳云智能创始人王俊看来，21世纪是生物科技和生命科学的大时代。

为什么在这个“大时代”选择了深圳？王俊表示：“深圳是中国最具硅谷气质的城市，很早就开始对生物科技等战略性新兴产业进行前瞻布局。”碳云智能的成长离不开正在积极打造生物科技产业高地的“深圳土壤”，公司在成立伊始就得到了各级政府的大力支持。

据悉，从2009年开始重点打造生物医药产业集群以来，深圳的生物产业规模在2013年首次超千亿元人民币，达1055亿元，增长速度高达15%。2016年，产业规模超过2000亿元。

“迈普团队在回国创业之初，也确实对企业在哪里落地进行了调研和对比，曾经在苏州和广州之间纠结，最终选择了广州。”迈普再生医学科技有限公司总经理助理罗林波对记者表示，迈普医学最终选择广州，主要还是因为广州较早发展生物医药产业，在产学研和上下游产业链等方面都比较成熟，同时又毗邻港澳，利于吸引国际人才和进行国际市场的拓展。

“生物医药产业是广州开发区的支柱产业之一，有着良好的产业基础和完整的产业链条，所以迈普在这里营商有着天时地利人和，经过几年就进入了高速发展的快车道。”据罗林波介绍，公司在2010年进驻广州科技创新基地，政府随即免掉了3年500平方米的场地租金。

2017年，广州发布针对引进人才的“美玉10条”，大大降低了企业吸纳顶尖人才的成本，为企业吸纳行业内顶尖人才奠定了坚实的政策保障。罗林波认为，广州政府在这方面为迈普医学解决了不少难题。

现在，迈普医学已经成为中国不少医疗院校的实践基地。罗林波对记者表示：“生物3D打印技术涉及细胞、机械、材料、计算机等多领域的交叉学科，需要工程类、医学类等各类人才的融合协作。”

梁耀铭认为，前沿交叉产业在全球范围都是新兴产业，各个国家处于几乎一样的起跑线，广东应该抓住契机，引入重大科技基础设施，加快搭建前沿交叉产业的平台。

【记者快评】

让政策扶持跟上企业技术创新步伐

在高新技术领域，企业的技术创新往往会走在政府政策的前面。大力发展生物科技产业，需要政策扶持跟上企业创新步伐。

记者在走访的过程中发现，生物科技企业尤其需要在知识产权和创新产品上市两方面得到支持。一方面，作为生物科技企业，在技术创新方面进展非常迅速，倘若其技术创新成果不能转化为知识产权，企业便不能抓住在该领域发展的主导权，很容易被对手模仿、盗取技术成果。另一方面，由于国内目前的医疗体制所限，一些生物科技公司的创新型产品进入主流医疗机构需要漫长的审批过程，特别是很多产品无法纳入医院的收费目录中，在一定程度上不利于技术创新成果产业化。

因此，在这一过程中，政府在进行政策扶持的同时，需要紧密跟进生物科技产业的发展动态，在传统的基础设施、人才政策、税收优惠等方面扶持的同时，在保护企业创新技术研发以及技术成果转化方面给予动态支持，为生物科技企业的创新之路扫清障碍。

【声音】

十九大报告提出，要实施健康中国的战略，为人民群众提供全方位全周期健康服务。作为一家扎根南粤、服务全国的高科技企业和社会化医疗机构，我们备受鼓舞。金域医学将通过大数据和病理诊断人工智能等建设，助力精准医疗和健康中国战略实施。

——金域医学董事长兼首席执行官 梁耀铭

生物3D打印技术是一个非常复杂的交叉学科，未来我们需要更多不同领域人才的加入，做到“工医”结合，从而“碰撞”出更多的火花，让生物3D打印技术在我国医学上拥有更多的可能性。

——迈普再生医学科技有限公司研发总监 邓坤学

相信在不远的未来，碳基世界和硅基世界会完全打通。生命大数据的积累，也一定会随着时间的推进而出现指数级效应。我们希望能够结合现阶段的需求场景，率先探索和推出相应的产品服务，让消费者先一步享受到生物科技给他们带来的便利。

——碳云智能科技有限公司创始人 王俊

（2018年5月9日）

奋力实现“四个走在全国前列”深调研

“建设现代化经济体系”调研小组成员

李 赫 袁佩如 彭 琳

▶ 关键词：知识产权

知识产权保护为创新要素自由流动“保驾护航”

探访智慧成果流动的秘密

习近平总书记参加十三届全国人大一次会议广东代表团审议时强调，要全面推进体制机制创新，提高资源配置效率效能，推动资源向优质企业和产品集中，推动创新要素自由流动和聚集，使创新成为高质量发展的强大动能。

党的十九大报告明确指出：“倡导创新文化，强化知识产权创造、保护、运用。”如何通过知识产权保护制度，推动各种优质的创新要素和创新资源的高密度聚集，实现高强度碰撞？大胆探索的鲜活案例正在南粤大地上演。

【见闻】

时间：2018年5月10日至12日

地点：广州开发区知识产权协会、广州知识产权仲裁院、汇桔网、广州视源电子科技股份有限公司、中山（灯饰）知识产权快速维权中心

走进位于黄埔区、广州开发区的广州视源电子科技股份有限公司（以下简称“视源电子”）展厅，一面巨大的专利墙映入眼帘。视源电子是广州市首家年度专利申请量突破千件的企业专利大户。

怎样运用好这些智慧成果成为许多科技型企业的难题。在“知本”与珠三角加速崛起的产业、成千上万的企业、活力四射的市场碰撞对接时，知识产权制度如何一路为它们保驾护航？在遇到纠纷维权时，制度的创新探索，如何为自主创新的企业“撑腰”？

带着这些疑问，南方日报记者走进了广州开发区知识产权协会、广州知识产权仲裁院、汇桔网、视源电子、中山（灯饰）知识产权快速维权中

● 黄埔区广州开发区知识产权服务业推进大会

心展开调研。

“智慧成果”如何变现？知产“电商”平台交易额三年翻近十倍

走进广州博鳌纵横网络科技有限公司（汇桔网）的大厅，足足有三层楼高的巨大屏幕上，全国各个城市的知识产权交易活跃度在屏幕上不断亮起。交易活跃度越高，所在城市的“点”越亮。

知识产权作为一种“无形资产”，如何判断其价值几何？汇桔网结合技术手段，设计出一套评估模型，通过参考过往交易价格、行业热度等参数，对知识产权的价值进行科学评估。

“汇桔网就是知识产权领域的‘电商’，通过共享经济的方式，把涉及知识产权转化的各种资源，都放在网络平台上。”

汇桔网交易中心总裁郑自群介绍，平台的管理人员会为企业列出商标、专利的明细表，为每一个知识产权作出价值评估，让企业知道其市场行情。同时，平台系统还将主动搜索，在国家知识产权大数据库中找到相似度高的商标，让企业及时了解是否有“疑似侵权”情况出现。

我们在调研中发现，科技型中小企业在知识产权质押融资方面常常遇到困难。而汇桔网的“知商金融”板块，可以将知识产权用于质押，解决企业在市场发展过程中的融资问题。

“这些优质的科技型企业，拥有的是专利而不是砖头。”在郑自群看来，知识产权是企业的核心技术，也是核心竞争力。如果一个企业用房产或汽车进行抵押，失去了它们并不影响生产，但如果失去了核心知识产权，企业的生存都会出现问题。

因此，汇桔网不要求企业提供任何实物的抵押，只需要知识产权质押和作为实际控制人，也就是最大的股东进行个人连带担保。郑自群透露，万一出现坏账，公司会把质押的知识产权在平台上卖出。另外，知识产权主管部门和各级政府都有知识产权质押的风险补偿金，如果出现坏账，可以申请一定数额的风险补偿金。

记者梳理发现，汇桔网在2015年的知识产权交易额为10.6亿元，2016年公司交易额突破了50亿元。到2017年整个交易额又翻了一番，突破了

110亿元。

“公司的知识产权交易额三年翻了近十倍，最大的原因是创新创业大环境在变好。国家越来越重视知识产权的保护。”郑自群说，知识产权交易的火爆在一定程度上反映了科技企业发展出现的新变化。布局专利已成为众多科技创新型企业突破“红海”的选择。

谁来为创新“撑腰”？快速维权让知产流动更快价值更高

“四个月时间里，我每个月跑20家企业。给我的感觉是‘大企业，小研发’。除了一些上市公司做得比较好，剩下的几十家都有漏洞。”广州开发区知识产权协会秘书长赖洪川表示，不少企业知识产权意识薄弱，对于知识产权既不重视也不理解，往往等发生了纠纷，才开始学习了解知识产权保护。

“2016年以来处理的5000多件案件中，其中大量是技术转让合同纠纷。由于知识产权无形性的特点，许多企业在网上进行技术转让交易中，忽略了对交易过程中沟通证据的保护和留存。”中国广州仲裁委员会广州知识产权仲裁院部长邹艳珏说。

只有在“保护好”的基础上，知识产权的运用才有价值。赖洪川说，知识产权协会在广州开发区各园区举办了培训会，一年来举办了近80场，向企业普及知识产权保护的重要性。

“一陷入纠纷中，如果没有机制帮忙快速解决，耽误的都是市场布局，拖住的都是企业利润。”中山市松伟照明电器有限公司总经理谢伟说，灯饰行业里曾经一直流传着这样的一句话，“防火防盗防侵权”，“虽是笑话，却也是心声，更多的还是无奈”。

在中山古镇，全国首家针对单一行业的知识产权快速维权中心——中国中山（灯饰）知识产权快速维权中心（以下简称“快维中心”）已经运行了7年，并逐步构建起快速维权、快速授权、快速协调的知识产权保护快速反应机制。

在调研时，快维中心主任侯玉梅介绍，以前为一款灯饰新品申请外观设计专利，可能需要4个月，如今10个工作日内即可获得授权；借助设在

知识产权法院示范庭庭审现场

“家门口”的专利行政执法和司法审判机构，符合条件的专利侵权纠纷案件从受理、调查取证、举证答辩到行业调解或移送司法机关，能够在一个月内结案。

“我们都相信，维权的根本目的之一，是希望在发现侵权行为后，对方可以立即停止侵权。这个维权过程所花的时间越短越好。”谢伟说。

【记者快评】

知识产权制度也要创新

当前，知识经济时代市场竞争的资源要素正在发生变化。从珠三角等地的调研看，知识产权尤其是以技术创新成果为内核的专利，已经日益成为影响一个企业、一个区域竞争成败的关键。

我们应该清醒地看到，要想打通创新要素高效流动的通道，必须通过

● 国家知识产权局专利局专利审查协作广东中心

体制机制的创新。对于广东而言，知识产权领域的很多基础性工作还有很大拓展空间。正如在调研时邹艳珏告诉我们的，知识产权发展还有很多问题要解决。与此同时，知识产权交易仍然存在信息不对称的问题，拥有专利的研发方与市场对接不够直接、顺畅，阻碍了专利的有效流转和交易。

知识产权是保护创新和激励创新的核心要素。加快知识产权工作迫在眉睫、时不我待。让我们期待广东在知识产权机制创新上的新实践，让知识产权制度成为激励创新的基本保障。

【声音】

什么是知识产权？知识产权一定要有变现的价值，让消费者觉得好用，让商人获得利益转化机会，要可以创造财富，才能称得上真正的“知产”。

——广州开发区知识产权协会秘书长 赖洪川

有严格的知识产权保护环境作为企业创新发展的“靠山”，企业才有底气、有信心去实践创新创造，提升专利质量，也更有勇气走出国门，开拓海外市场。

——中国中山（灯饰）知识产权快速维权中心主任 侯玉梅

（2018年5月16日）

奋力实现“四个走在全国前列”深调研

“构建推动经济高质量发展体制机制”调研小组成员

陈思勤　郭冬冬　郑佳欣

实习生：齐　鑫　通讯员：郭哲涵　张小红

关键词：创新人才

珠三角各地持续推进产业转型升级，出台新政吸引创新人才

“人才争夺战”如何突围？

习近平总书记在参加十三届全国人大一次会议广东代表团审议时强调，发展是第一要务，人才是第一资源，创新是第一动力。

随着珠三角持续推进产业转型升级，“人才争夺战”也不断升温。2018年5月14日，珠海横琴新区管委会宣布，自2018年起每年举办一届面向全球的创新创业大赛，每届评选出1支特级优胜团队，并给予1亿元的研发费无偿资助。而在珠三角东岸的惠州，同样大手笔放出吸引人才大招，数千套“拎包入住”的周转房以极低的租金提供给人才租住，对高级人才更是直接免费赠送高级公寓、别墅。

诚然，人才新政频出体现了各地对人才的高度重视。但在做好“引才引智”的同时，如何更好地“用人留人”，实现人才发展和经济社会发展的深度融合？奋力实现“四个走在全国前列”深调研小组走进珠海、惠州调查。

【见闻】

时间：2018年5月16日

地点：珠海市横琴创意谷、惠州市惠城区

提升综合服务是关键

记者走进横琴创意谷，忙碌的创业者在大大小小的楼栋里穿梭着。宽敞的办公场所、高端的实验室、休闲的咖啡厅、舒适的人才公寓等硬件设施一应俱全，构成了吸引这些创新创业人才的诸多要素。

作为国家级科技企业孵化器，3年多来，“横琴•澳门青年创业谷”已累计孵化250个项目，其中港澳创业项目有138个，培育高新技术企业27家。同时，孵化企业获得资助资金逾千万元，已获授权专利数量超过300件。

园区孵化项目持续增长，带来人才的不断聚集。在全国各地纷纷开展“人才争夺战”的背景下，该产业园区何以成为人才的“蓄水池”？

珠海横琴跨境说网络科技有限公司CEO周运贤说：“良好的区位优势让我们选择了园区发展。来到这里以后，我们不仅获得首年免场地租金的优惠政策，还可以享受横琴新区给予港澳人才的扶持政策。”

这家跨境电商领域的企业，出生于澳门，成长于横琴。不到3年时间，公司规模从13人扩大到130余人，预计2018年将为合作电商带来超过1亿元的销售额。

“对于科技型初创企业而言，办公环境和配套设施非常重要。”珠海小可乐科技有限公司合伙人颜文靖介绍，该公司是一家提供智能车软件解决方案以及充电系统解决方案的互联网科技公司，由于园区离市区距离较远，园区为入驻企业的员工提供了人才公寓，也为需要上下班回家的员工提供智能通勤车。同时，来到横琴的本科以上人才都有相应的租房与生活补助，这些都为企业招揽并留住人才提供了帮助。

截至目前，横琴高层次人才加速集聚，累计引进院士2名，超过85名国家“千人计划”专家在横琴注册公司并陆续开展实际经营，入选省级创新创业团队1家，省领军人才2名。

【记者快评】

打通人才服务的“最后一公里”

城市能否吸引更多人才，首先要看政策落实，企业和人才是否能够较易满足申报条件、较快完成申报程序；其次是对企业和人才的服务是否贯穿企业孵化的全流程；最后，归根结底，“人才争夺”还是城市间综合

横琴·澳门青年创业谷里的“跨境说”展厅

实力的竞争，持续改善营商环境和政府服务，优化城市发展硬环境和软环境，是各地政府要长期做好的功课。

横琴创意谷取得的成效，在于园区打通了人才服务的“最后一公里”，让入驻企业招揽的人才，可以在工作和生活中获得实实在在的满足感。

人才总量突破百万

记者走进惠州市高级人才公寓。这里位于江北核心区，交通便利，15分钟内步行可到达体育馆、博物馆、文化艺术中心等公共设施。公寓均为精装修，四房户型，面积193平方米，配置了中央空调、厨具、卫浴等设施。这样的公寓共20套，由政府购买、赠送给来惠工作的高级人才居住。2017年8月，已经有10名符合条件的高层次人才领到钥匙，在这里安家。

不仅有高级公寓，还有别墅。2016年，惠州市政府将两套位于白鹭湖景区的别墅奖励给两名来惠工作的院士。对于其他类型人才，惠州准备了近2000套周转房，2018年还计划启用1300套，这些住房将以每月2.5元／平方米的低租金提供给人才租住。

这是惠州斥巨资招才引智的缩影。2016年初，惠州推出了升级版“人才双十行动”，这也是该市史上最大手笔的招贤纳才举措。截至目前，已经先后引进国内外院士7名、国家“千人计划”“万人计划”专家19名，累计引进51个高水平创新团队、109名领军人才，人才总量突破百万，占常住人口比例超过五分之一。

“2017年惠州先进制造业、高技术制造业增加值分别占规模以上工业的63.5%和41.4%，居广东省第二，其中人才的贡献功不可没。”惠州市人力资源与社会保障局副局长谢耀凡说，2017年，惠州规模以上工业企业设立研发机构比例达43.97%，名列广东省第一。

国家“万人计划”专家、惠州城市职业学院教师张方阳如今已入住人才公寓。他说，公寓南北通透，居住、生活、交通都非常便利。“政府提供的住房，为我们解决了后顾之忧，可以放心大胆地到新城市工作和生活。”

但张方阳同时也建议，从惠州的产业结构来看，高技能人才仍然缺乏。政府如果能在人才政策上对高技能人才有更多的倾斜和保障，将有力促进惠州产业经济的发展。

【记者快评】

“硬件”重要，“软件”同样重要

宽敞明亮的新房、舒适的工作居住环境，这些对创新人才确实有着很大的吸引力。但当“送房”成为各市人才新政的主流时，我们要看到，除了住房，人才到新城市工作和生活也须在子女教育、配偶就业、社会及医疗保障等方面获得全方位的支持。放宽人才落户限制、优化人才生活服务，能有效提升人才对城市的认同感、归属感和获得感，从而更好地吸引人才、留住人才。

惠州市高级人才公寓

【声音】

惠州目前最缺的就是人才，对中高端人才尤其渴求。惠州将进一步升级完善人才政策，创新人才引、育、留、用机制，优化提升“梧桐引凤工程”，加大人才安居住房筹措力度，拓宽人才安居保障范围。将加大博士、博士后培养力度，高技能人才引育力度和对青年人才的支持力度。

——惠州市人力资源与社会保障局副局长 谢耀凡

人才是一家企业的核心战斗力。如何留住人才？打造家一般的温馨工作氛围，给予人才家人、朋友般的关怀和切实解决安居、落户等问题尤为重要。

——珠海小可乐科技有限公司首席执行官 李翔

（2018年5月17日）

奋力实现“四个走在全国前列”深调研

“形成全面开放新格局”调研小组成员

吴 哲 黄鹤林 余嘉敏 周 欢

后 记

2018年3月7日上午，习近平总书记参加十三届全国人大一次会议广东代表团审议，充分肯定党的十八大以来广东工作，并对广东寄予了“四个走在全国前列”的重托。

当晚，广东代表团住地气氛热烈，群情振奋。广东代表团举行全体会议，学习贯彻习近平总书记参加广东代表团审议时的重要讲话精神。省委书记李希强调，学习宣传贯彻习近平总书记重要讲话精神，是当前和今后一个时期全省的头等大事和首要政治任务，全省上下要迅速兴起学习宣传贯彻热潮，切实把思想和行动统一到总书记重要讲话精神上来。

岭南春来早。会场的融融暖意迅速从首都北京传递到南粤大地。南方报业的289大院里，记者、编辑们一时兴奋难抑，又觉重任在肩。一个通过深调研来学习宣传贯彻总书记重要讲话精神的想法，逐渐成型了。

3月15日，南方日报、南方新闻网、南方+客户端共同策划的奋力实现“四个走在全国前列”深调研方案基本形成。3月20日，十三届全国人大一次会议闭幕。3月21日，广东召开全省传达贯彻习近平总书记重要讲话精神电视电话大会。3月22日，南方报业奋力实现“四个走在全国前列”深调研就正式启动了。

这是一次主题宣传的创新实践。

深调研既是新闻采访的方法，其调研本身，也是一次宣传宣讲总书记重要讲话精神的过程。田间地头、市井街巷、工厂车间、摩登高楼……我们步履匆匆，深入基层，推动总书记重要讲话精神在广东家喻户晓、深入人心。

这是一次融合传播的相加相融。

我们发挥党媒优势、融合优势、协作优势，集结报、网、端、微、屏精锐力量，组建由资深记者、“南方网红”、学术顾问为主体的“1+1+1”的调研团队，多渠道推动立体传播，实现报道、智库和新媒体的多频共振。

这也是一次人才培养的机制突破。

奋力实现“四个走在全国前列”深调研以每一个“前列”作为一个调研主题，40余人的调研团队兵分四路，分别由“南方网红”带队领衔。四个调研小组既分工协作，又开展业务竞赛，由此涌现出一批全媒化、复合型、专家型人才。

历时两个多月，行程逾万公里，一份份沉甸甸的调研报告，最终消化精炼成为十万余字的公开报道，陆续在南方日报、南方网、南方+客户端同步推出，成为新时代媒体人回应总书记殷切嘱托，贡献自己智慧力量的最好答卷。

今天，我们将这些公开报道集结成书，也是希望，虽然这次深调研阶段性收官了，但由此引发的思考和行动不会结束。我们希望，广东全省时刻牢记总书记的重托，继续以强烈的担当精神和责任意识，一条一条认真研究、一件一件抓好贯彻，以新的更大作为开创广东工作新局面。